Ingeborg Bachmann

Manfred Jurgensen

INGEBORG BACHMANN
Die neue Sprache

PETER LANG

Bern · Frankfurt am Main · Las Vegas

CIP-Kurztitelaufnahme der Deutschen Bibliothek

Jurgensen, Manfred:
Ingeborg Bachmann: Die neue Sprache / Manfred Jurgensen. –
Bern, Frankfurt am Main, Las Vegas: Lang, 1981.
ISBN 3-261-04833-6

Das Foto für den Umschlag wurde freundlicherweise
vom Verlag Piper & Co. zur Verfügung gestellt.

© Verlag Peter Lang AG, Bern 1981
Nachfolger des Verlages der
Herbert Lang & Cie AG, Bern

Alle Rechte vorbehalten. Nachdruck oder Vervielfältigung
auch auszugsweise in allen Formen wie Mikrofilm, Xerographie,
Mikrofiche, Mikrocard, Offset verboten.

Druck: Fotokop Wilhelm Weihert KG, Darmstadt

Für Angelika und Marguerite

Zuletzt aber in das Feuer.
Dort reicht dir der Lorbeer ein Blatt.

1.

Es scheint angemessen, daß der Titel des frühesten erhalten gebliebenen Jugendgedichts Ingeborg Bachmanns „*Ich.*" lautet. Die Anführungszeichen dieses in der Werkausgabe unvollständig wiedergegebenen Gedichts, das zwischen den Jahren 1942 und 1943 entstanden sein dürfte, sollen als formaler Bestandteil seines Titels gelten. Das „Ich", dem die Sechzehn- oder Siebzehnjährige hier Ausdruck zu verleihen sucht, ist bereits eine rollenhaft verstandene Eigenprojektion. Fast zwei Jahrzehnte später erklärt Ingeborg Bachmann in der dritten ihrer *Frankfurter Vorlesungen* „Das schreibende Ich": „Ich möchte beinahe behaupten, daß es...kein Gedicht-Ich gibt, das nicht von der Beweisführung lebt: Ich spreche, also bin ich." (225) Das pubertäre Suchen nach einer subjektiven Identität bedient sich der Literatur als einer Form der Selbstbespiegelung. Diese literarische Eigenreflexion wird ein wesentliches Kennzeichen der Bachmannschen Lyrik bleiben. Sie wird sich zu einer umfassenderen Bewußtseinsidentität erweitern, den ausschließlich biographischen Bezugskreis überschreiten, eine organische Verbindung mit der Sprache eingehen, bis Ich und Wort sich gegenseitig in neuer dichterischer Eigenständigkeit bestimmen. „Ich bin immer ich" (623) lautet die wiederkehrende Zeile des Jugendgedichts. Doch schon hier erweist es sich als fiktionalisierte, literarisierte, poetisierte Identität. Bachmann findet früh Halt an der Sprache, Halt an einem Wort, das sie zu bestimmen weiß. 1959/1960 fragt sie zum Abschluß ihrer Vorlesung über das Ich in der Dichtung: „Aber wird von der Dichtung nicht, trotz seiner unbestimmbaren Größe, seiner unbestimmbaren Lage immer wieder das Ich hervorgebracht werden, einer neuen Lage entsprechend, mit einem Halt an einem neuen Wort?" (237) Immer noch wird das Ich von der Literatur „hervorgebracht". Für Ingeborg Bachmann sind persönliches Finden und dichterisches Erfinden identische Vorgänge. Wie keine andere Autorin der jüngsten deutschen Literatur hat sie ihr eigenes Ich poetisiert; ihr Leben war eine rollenhafte Verwirklichung des dichterischen Werkes.

In der Sprache bewahrt sich das Ich. Sie ermöglicht die Gegenüberstellung und das Erkennen. Im Wort entdeckt Ingeborg Bachmann die reflektierte Identität, die bewußte Existenz. Diese tröstende Jugenderfahrung weicht jedoch sehr bald einer anderen, schmerzvollen Erkenntnis. Nicht jede Sprache sucht die Wahrheit zu bezeugen. Das Wort weiß nicht nur zu identifizieren, sondern auch zu vergewaltigen. In einem vor der Werkausgabe nicht veröffentlichten Gedicht, das um 1950 geschrieben wurde, lauten die Abschlußzeilen:

> Und ich hör deinen Atem noch
> und das Wort, mit dem du mich schlugst.
> (*Beim Hufschlag der Nacht*, 16)

Erstmals gestaltet Ingeborg Bachmann in der Lyrik die für sie grundlegende Erfahrung eines Eros der Gewalt und der Gewalt des Eros. In ihrem Roman *Malina* erzählt die sich programmatisch als „Ich" ausweisende Autorin ein gleichermaßen prägendes Kindheitserlebnis. Das Schulmädchen wird von einem älteren Jungen angerufen:

> Du, du da, komm her, ich geb dir etwas! Die Worte sind nicht vergessen, auch nicht das Bubengesicht, der wichtige erste Anruf, nicht meine erste wilde Freude, das Stehenbleiben, Zögern, und auf dieser Brücke der erste Schritt auf einen anderen zu, und gleich darauf das Klatschen einer harten Hand ins Gesicht: Da, du, jetzt hast du es! Es war der erste Schlag in mein Gesicht und das erste Bewußtsein von der tiefen Befriedigung eines anderen, zu schlagen. Die erste Erkenntnis des Schmerzes.
>
> (25)

Später muß sie erfahren, wie das Muster der Gewalt auf die Sprache übertragen wird. In dem Versuch, sich sprachlich darzustellen, begegnet sie dem gewaltsamen Wort. Das zuerst 1952 in einer Hörfunksendung veröffentlichte Gedicht *Wie soll ich mich nennen?* präzisiert die frühe Krise ihrer dichterischen Selbstgestaltung. Die Hilflosigkeit des Ausdrucks ist keine rhetorische Geste. Eine Benennung des lyrischen Ichs, die Identifizierung durch ein *objektives Korrelat* (im Sinne T.S. Eliots), das Metaphorisieren der eigenen Identität: sie alle erweisen sich als willkürlich, gewaltsam und unverbindlich, wo die Sprache selbst schuldig geworden ist. Es ist kein Zufall, daß Bachmanns Gedichte aus den Jahren 1948-1953 immer wieder von einer geradezu biblischen Schuld sprechen. In *Menschenlos* fragt die Dichterin:

> Wer weiß, ob wir nicht schon um Gott geflogen,
> und, weil wir pfeilschnell schäumten ohne ihn zu sehen
> und unsre Samen weiterschleuderten,
> um in noch dunkleren Geschlechtern fortzuleben,
> jetzt schuldhaft treiben?
>
> (19)

Ganz entsprechend heißt es in *Wie soll ich mich nennen?*:

> Wann begann die Schuld ihren Reigen,
> mit dem ich von Samen zu Samen schwamm?
>
> Aber in mir singt noch ein Beginnen
> – oder ein Enden – und wehrt meiner Flucht,
> ich will dem Pfeil dieser Schuld entrinnen,
> der mich in Sandkorn und Wildente sucht.
>
> (20)

Die Schuld der Sprache, von der hier die Rede ist, schließt den konkreten Bezug auf nationalsozialistische Sprachmanipulationen des Deutschen ein. Auch die Österreicherin Ingeborg Bachmann weiß sich einem sprachlichen Erbe zugehörig, das die Bezeichnung natürlicher Schönheit in den Ausdruck einer schrecklichen Schuld verwandelte: das Wort *Buchenwald* ist bis heute ein Symptom für den moralischen Bankrott der deutschen Sprache geblieben. Die literarpolitisch vielzitierte Bewältigung der Vergangenheit läßt sich sprachlich so schnell nicht vollziehen. Nach dem Kriege bezeugten vor allem Sternberger, Storz und Süskind in ihrem Werk *Aus dem Wörterbuch des Unmenschen* (Hamburg 1957) und Karl Korn in seiner einflußreichen Analyse *Sprache in der verwalteten Welt* (Olten 1959), daß sich sprachliche Vergewaltigungen nicht im Nationalsozialismus erschöpften. Als zusätzliche Bezugspunkte der eigenen Sprachskepsis und dichterischen Sensibilität wird man bei Ingeborg Bachmann ferner die Krise des *Chandos-Briefes* und das sprachliche Gewissen eines Karl Kraus mit voraussetzen dürfen. Von entscheidender Bedeutung bleibt außerdem die wiederholte Beschäftigung mit der Sprachphilosophie Ludwig Wittgensteins, die im Jahre 1953 (mit der Entstehung der Studie *Ludwig Wittgenstein – Zu einem Kapi-*

tel der jüngsten Philosophiegeschichte und des Radio-Essays *Sagbares und Unsagbares – Die Philosophie Ludwig Wittgensteins*) ihren Höhepunkt erlangt, – genau zu dem Zeitpunkt, da die Gedichte vor Bachmanns erstem Lyrikband *Die gestundete Zeit* (1953) ihren Abschluß finden. Anfang der fünfziger Jahre beginnt Ingeborg Bachmann, immer deutlicher die „Todesarten" der Sprache selbst zu erkennen. Die Entdeckung einer sprachimmanenten Gewalt läßt in ihr den Wunsch nach einer neuen Sprache laut werden. Das Gedicht *Wie soll ich mich nennen?* schließt mit den Zeilen:

> Ein Wort nur fehlt! Wie soll ich mich nennen,
> ohne in anderer Sprache zu sein.
> (20)

Bachmanns Identität ist die andauernde Suche nach einer anderen Sprache. Dichten wird ihr zum Prozeß: Entwicklung und Rechtsprechung in einem. In der Dichtung kann sie „in anderer Sprache...sein"; in literarischer Verwirklichung gibt sie sich selbst zu erkennen. Bachmanns Gedichte sind als wesentlicher Teil eines solchen Identifizierungsprozesses zu verstehen. In diesem Sinne erweisen sie sich als persönlich, bekenntnishaft und individuell, ohne einer vordergründig biographischen Konfessionslyrik gleichzukommen. Die Sprache bedeutet ihr Prozeß und Urteil; das sprachliche Sein richtet jede Form der Selbstgestaltung. Nicht zuletzt ist die Sprache damit Richter und Vollstrecker des eigenen Ausdrucks. Sie gibt sich selbst zu erkennen. Ihr wesensimmanenter Wertmaßstab wird zur kritischen Eigenreflexion. Für Bachmann hat die Sprache selbstenthüllenden Charakter. Durch ihre intensive Identifizierung mit der Sprache hofft sie, an diesem moralischen Offenbarungsprozeß teilzunehmen. Ingeborg Bachmann versprachlicht das Bewußtsein ihrer Identität, weil sie absolute Ansprüche an (nicht nur) ihre eigene Dichtung stellt. Ihr absolutes Dichten zweifelt nie daran, daß sich in dieser Sprachkunst die Wahrheit beheimatet. Allein die Sprache besitzt für sie das Potential einer immanenten Korrektur; eine Linguistik der Lüge würde sich selbst verraten. Dieser Glaube steht von Anfang an in einem engen Zusammenhang mit der Sterblichkeit des eigenen Ausdrucks. Bachmanns Todesbewußtsein verleiht ihrer dichterischen Sprache einen charakteristisch schmerzvollen Unterton des Verzichts. Nicht nur der Romanzyklus dieses Namens, das gesamte literarische Werk der Bachmann setzt sich aus „Todesarten" zusammen. In den frühen Gedichten verbindet sich der zuweilen verzweifelte, gelegentlich sehnsüchtig verkündete Todesbezug mit herkömmlich christreligiösen Vorstellungen. Aus dem Jahr 1948 stammen die Zeilen:

> Wir singen, den Ton in der Brust.
> Dort ist er noch niemals entsprungen.
> Nur manchmal hat einer gewußt:
> wir sind nicht zum Bleiben gezwungen.
> (*Wir gehen, die Herzen im Staub*, 11)

Das göttliche Wort ist in den Jugendgedichten noch konkret das Wort Gottes. In *Hinter der Wand* definiert sich eine pubertäre Bachmann in der rahmengleich wiederholten Zeile:

> Ich bin das Immerzu-ans-Sterben-Denken.
> (15)

Tatsächlich sind im Nachhinein die zahlreichen Todesbezüge, ja Selbstmordgedanken deutlich erkennbar. Manche dieser formalen „Todesarten" mögen pubertär oder durch ihren konkreten Zusammenhang bestimmt sein, dennoch fällt es schwer, im Rückblick auf die Entwicklung des

Bachmannschen Werks keine hintergründigen Indizien, keine heimlichen Zeichen zu erkennen. In ihrem programmatisch bekenntnishaften Gedicht *Dunkles zu sagen* (1952) weist sich Ingeborg Bachmann in totaler Versprachlichung als literarische Zitatgestalt aus:

> Wie Orpheus spiel ich
> auf den Saiten des Lebens den Tod
> und in die Schönheit der Erde
> und deiner Augen, die den Himmel verwalten,
> weiß ich nur Dunkles zu sagen.

Das Gedicht schließt mit einer sprachspielhaften Variation:

> Aber wie Orpheus weiß ich
> auf der Seite des Todes das Leben,
> und mir blaut
> dein für immer geschlossenes Aug.
>
> (32)

Auch ihre Lyrik ist als dichterische „Todesart" zu begreifen; sie singt das Lied des Todes. Wie Sylvia Plath (die sie verehrte) und Anne Sexton (mit deren Werk und Schicksal sie manche Gemeinsamkeiten teilt) wurzelt Ingeborg Bachmann im Tode. Eigenprojektionen verwandeln sich zu Märchen und Mythen, die ausnahmslos einen tödlichen Selbstbezug beinhalten. Die lyrische Sprache hebt an zu einem verzweifelt orphischen Singen. Nicht der geliebte Gatte, nicht die Dichterin selbst wird beweint, sondern die lebendig tote Sprache, ihre ständige Wiederbelebung in der Dichtkunst. Durch den Willensakt einer Versprachlichung der eigenen Identität trauert Ingeborg Bachmann schließlich doch um sich selbst, um die Ausschließlichkeit ihrer dichterischen Existenz. Bis zu einem gewissen Grad wird man Bachmann mit dem lyrischen Ich ihres Gedichts *Exil* (1957) identifizieren dürfen, jener Verse, die mit dem Satz beginnen: „Ein Toter bin ich" und die wiederum aus dem problematischen Bezug auf die Sprache das eigene Wesen ableiten:

> Ich mit der deutschen Sprache
> dieser Wolke um mich
> die ich halte als Haus
> treibe durch alle Sprachen
>
> (153).

Rahmengleich führt die Schlußzeile in einen tödlichen Bereich zurück:

> In hellere Zonen trägt dann sie den Toten hinauf
>
> (ebd.).

Eine tödliche Auferstehung also auch hier: in der Verdichtung der Sprache findet Bachmann die Überwindung des Todes.

In ihrem 1964 entstandenen Gedicht *Böhmen liegt am Meer* setzt sie ein tödliches Zeichen besonderer Art:

> Ich will nichts mehr für mich. Ich will zugrunde gehn.
>
> (167)

Diese Selbstaufgabe erweist sich indes als ein neuerliches Wortspiel, mit dem sie sich zu ihrer dichterisch verklärten Herkunft bekennt. Ungleich deutlicher sind die Todeszeichen in Bachmanns Prosa. In der Titelerzählung des Sammelbandes *Das dreißigste Jahr* lautet ein leitmotivisch wiederholter Aufschrei: „Haltet Abstand von mir, oder ich sterbe, oder ich morde, oder ich morde mich selber. Abstand, um Gottes willen!" (104) Für Ingeborg Bachmann sollte dieser Abstand „Menschlichkeit" (ebd.) bedeuten; zugleich war er aber die Distanz, die sie für ihre kompromißlose Rollenexistenz so dringend brauchte. Niemand, der dieser Dichterin persönlich begegnet ist, wird den eigentümlichen Abstand ihres Auftretens vergessen können. Kein Zweifel: die Bachmann verstand ihr Leben als schicksalhaft auferlegte Künstlerexistenz, als ein gezeichnetes Dasein, als eine opferhafte Selbstgestaltung.

Die Erzählerin des Romans *Malina* protokolliert: „Ich sitze allein zu Hause und ziehe ein Blatt in die Maschine, tippe gedankenlos: Der Tod wird kommen." (79) Auch ihre Sprache bleibt tödlicher Bewußtseinsausdruck. (Zugleich erweist sich die Bemerkung als werkimmanenter Eigenbezug auf die wahrscheinlich um 1965 geschriebene Erzählung *Der Tod wird kommen*, vgl. 266.) Gegen Ende dieser Aufzeichnungen heißt es einmal in verblüffender Vorwegnahme: „Ich muß aufpassen, daß ich mit dem Gesicht nicht auf die Herdplatte falle, mich selber verstümmle, verbrenne...". (334) Kurz darauf wird diese Erfahrung auf eine literarische Musterformel gebracht. In einem charakteristischen Abschnitt der Selbstmythologisierung und märchenhafter Eigenprojektion verwandelt sich das fiktionale Ich in eine Prinzessin auf der Suche nach einer Behausung ihrer Liebe („Mein Königreich, mein Ungargassenland..."). Bachmann faßt ihr erzählerisches Ich in prägnanter Fiktionalisierung wie folgt zusammen: „Es war einmal, aber ich verbrenne nicht...". (335) In konzentriertester Verkürzung identifiziert sich hier das erzählerische Ich der Bachmannschen Prosa. Noch einmal kommt es in den Entwürfen des zweiten Kapitels ihres unvollendet gebliebenen Romans *Der Fall Franza* („Jordanische Zeit") zu einer kennzeichnenden Selbststilisierung, wenn auch wiederum in einem konkret fiktionalen Kontext. Erneut ist zwischen der Protagonistin und ihrer Autorin kaum mehr zu unterscheiden. Über ihre Lebensangst (die insbesondere das Verhältnis zum Mann einschließt) erklärt Franziska an entscheidender Stelle: „Das Fallbeil, zu dem man unterwegs ist, in einem Karren, zu seinem Henker, angeblickt von einer verständnislosen Umgebung, einem Publikum, und mein Publikum war mein Mörder." (406) Diese Angst dürfte auch Ingeborg Bachmann empfunden haben, so wie sie sich gelegentlich einem mörderischen (keineswegs nur literarischen) Publikum ausgeliefert glaubte. Indes handelt es sich bei diesen Zitaten um nachträglich interpretierte Zeichen. Mit ihnen kann und soll nichts anderes angedeutet werden als der allgegenwärtige Bezug zum Tode, der die sprachliche Orientierung und Identifizierung dieser Autorin von Grund auf charakterisiert.

In der Erzählung *Das dreißigste Jahr* prägt Ingeborg Bachmann den Ausdruck „Gaunersprache". Man wird der Bemühung Bachmanns um eine eigene, neue, „andere" Sprache nicht gerecht werden, ohne dieses Gegenpols eingedenk zu bleiben. Es ist der Jargon des Kulturfunktionärs Moll, das verschwörerische Vokabular der gesellschaftlichen Macht. „Moll rät ihm: ‚Steig bei uns ein.' (Die Gaunersprache zur Perfektion gebracht!) Moll überlegen, Moll mit Sinn für alles und alle Leute, die er vor Jahren verachtet hat. Molls Händedruck, sparsam, aber fest. ‚Allora, bye bye. Mach's gut. Alsdann. Überleg es dir. Schreib, wenn du was brauchst.' " (120-121) Gegen diese Sprache der Anpassung und des bedenkenlosen Opportunismus sucht die Dichterin das bezeugende Wort. Ihr jugendlicher Protagonist entsinnt sich seines fehlgeschlagenen Versuchs, die Welt und die eigene Existenz vollends gedanklich zu verwirklichen. Bachmann gestaltet sein existentielles Bewußtsein bezeichnenderweise in der Form eines literarischen Mythos:

> Denn was hier vernichtet worden war, in dem großen alten Saal, beim Licht der grünen Lämpchen, in der Stille der feierlichen Buchstabenabspeisung, war ein

> Geschöpf, das sich zu weit erhoben hatte, ein Flügelwesen, das durch blaudämmernde Gänge einem Lichtquell zustrebte, und, genau genommen, ein Mensch, nicht mehr als ein Widerpart, sondern als der mögliche Mitwisser der Schöpfung. Er wurde vernichtet als möglicher Mitwisser, und von nun an würde er nie wieder so hoch steigen und an die Logik rühren können, an die die Welt gehängt ist.
>
> (108)

Die Hybris des Ikarus wird hier sogleich auf eine göttliche Mitwisserschaft der Sprache bezogen. Bachmann sucht nichts geringeres als das heilige Wort, das die Schöpfung bezeugt. „Er wäre gerne mit einer neuen Sprache wiedergekehrt," schließt der folgende Abschnitt, „die getaugt hätte, das erfahrene Geheimnis auszudrücken." (ebd.) Ingeborg Bachmanns Dichtung kennzeichnet sich durch religiösen Anspruch und mythologische Zeichenhaftigkeit. Es sind Eigenschaften, die ihrer Sprache innewohnen. „Keine neue Welt ohne neue Sprache," zitiert sie Wittgenstein gegen Ende ihrer Erzählung. (132) In seinem *Tractatus* lautet die entsprechende Einsicht: „§ 5.6 Die Grenzen meiner Sprache bedeuten die Grenzen meiner Welt." (89) Bachmanns Sprache sucht, „das erfahrene Geheimnis" ihrer individuellen Existenz, die Besonderheit ihres Selbstbewußtseins „auszudrücken". Dabei fühlt sie immer deutlicher, daß eine bloße Absonderung vom gesellschaftlich Vorbestimmten das Geheimnis der Individualität allein nicht zu offenbaren vermag. Sie entdeckt, daß ihre geschlechtliche Zugehörigkeit Wesentliches zur eigenen Identität beizutragen hat, daß Frau-Sein eine geteilte Individualexistenz bedeutet. In der Erzählung *Ein Schritt nach Gomorrha* (1956/57) unterscheidet sie deutlich zwischen der „Sprache der Männer" und der „Sprache der Frauen" (208). Sie erkennt den geschlechtsbezogenen Rollencharakter der Sprache. Der Antrag einer lesbischen Liebe läßt Bachmanns Protagonistin Charlotte sogleich die sprachlichen Konsequenzen solcher Rollenexistenz erwägen.

> Wenn sie Mara lieben könnte, wäre sie nicht mehr in dieser Stadt, in dem Land, bei einem Mann, in einer Sprache zu Hause, sondern bei sich – und dem Mädchen würde sie das Haus richten. Ein neues Haus. Sie mußte dann die Wahl treffen für das Haus, für die Gezeiten, für die Sprache. Sie wäre nicht mehr die Erwählte und nie mehr konnte sie in dieser Sprache gewählt werden.
>
> (205)

Sie weiß, daß Mann und Frau gleichermaßen Opfer einer ihnen auferlegten Sprache sind. Um so deutlicher tritt Bachmanns feministische Heilsbotschaft, das Konzept einer selbstgenügsamen Frau zutage. Sie stellt unabhängige Denk- und Existenzkategorien der emanzipierten Frau in Aussicht. Zuversichtlich läßt sie die Erzählerin über Charlotte verkünden: „In ihrem Reich galt ein neues Maß." (208) Die Utopie dieses Reichs erweist sich sowohl sozialpolitischen als auch religiösen Charakters. In (bewußter oder unbewußter) Abwandlung des Vaterunser folgt darauf die Erklärung:

> Immer hatte sie diese Sprache verabscheut, jeden Stempel, der ihr aufgedrückt wurde und den sie jemand aufdrücken mußte – den Mordversuch an der Wirklichkeit. Aber wenn ihr Reich kam, dann konnte diese Sprache nicht mehr gelten, dann richtete diese Sprache sich selbst.
>
> (ebd.)

Das Bachmannsche Reich beheimatet sich in einer neuen Sprache, die den Mordversuch an der Wirklichkeit richten wird. Allein das heilige Wort kann der Dichterin Erlösung aus einer Welt der „Gaunersprache" bringen. Deutlich lassen sich solche christlich geprägten Vorstellungen der

Dichtkunst auf Bachmanns Nachkommenschaft einer in ihrem heimatlichen Kärnten bis Ende des 18. Jahrhunderts verfolgten protestantischen Minderheit zurückführen. Für sie ist der Künstler wesensgemäß Märtyrer. Die feligiösen Bezugspunkte und Ansprüche ihrer Sprache rücken die eigene Dichtung in die Nachbarschaft Hölderlins, der Romantiker, Nelly Sachs und Paul Celans. In der letzten ihrer *Frankfurter Vorlesungen* hat Ingeborg Bachmann den heiligen Geist dieser Sprache säkularisierter darzulegen versucht. Sie nimmt eine Musil-Notiz zum Anlaß, das Wesen der „Literatur als Utopie" (so auch der Titel der Vorlesung) zu bestimmen. Ihr appellierendes Fazit kommt wiederum einer Versprachlichung des Menschen gleich; es verkündet seine Heimkehr zum Wort.

> War nicht in diesem Utopia der Kultur zum Glück ein viel reineres Element von Utopie enthalten als Richtung, die einschlagbar bleiben wird, wenn unsere Kultur ihr Gesicht nicht einmal mehr an hohen Feiertagen wahren wird, wenn die Dichtung nicht mehr „als geistiger Raum der Nation" zu denken ist – heute im Grund schon eine Unmöglichkeit –, sondern aus dem Hier-und-Jetzt-Exil zurückwirken muß in den ungeistigen Raum unserer traurigen Länder. Denn dies bleibt doch: sich anstrengen müssen mit der schlechten Sprache, die wir vorfinden, auf diese eine Sprache hin, die noch nie regiert hat, die aber unsere Ahnung regiert und die wir nachahmen...Aber eine Nachahmung eben dieser von uns erahnten Sprache, die wir nicht ganz in unseren Besitz bringen können. Wir besitzen sie als Fragment in der Dichtung, konkretisiert in einer Zeile oder einer Szene, und begreifen uns aufatmend darin als zur Sprache gekommen.
> (270-271)

Die Sprache selbst ist Utopie und Erlösung. Es gilt, einer verschwörerischen „Gaunersprache" das Wort als möglichen Mitwisser der Schöpfung entgegenzuhalten.

Im ersten Gedicht der Sammlung *Anrufung des Großen Bären* (1956) wird solche schöpferische Sprache in charakteristisch märchenhaft-mythologischer Metaphorik bezeugt. Die 6. Strophe des Gedichts *Das Spiel ist aus* gibt die geheime Losung; sie beschwört das erlösende Wort, das wir suchen und gelegentlich finden, doch immer wieder nur, um es sogleich erneut zu verlieren:

> Nur wer an der goldenen Brücke für die Karfunkelfee
> das Wort noch weiß, hat gewonnen.
> Ich muß dir sagen, es ist mit dem letzten Schnee
> im Garten zerronnen.
> (83)

In der Sequenz *Von einem Land, einem Fluß und den Seen* formuliert Bachmann das Credo ihrer poetischen Sprache. Das achte Gedicht schließt mit den bekenntnishaft programmatischen Zeilen:

> Wo ist Gesetz, wo Ordnung? Wo erscheinen
> uns ganz begreiflich Blatt und Baum und Stein?
> Zugegen sind sie in der schönen Sprache,
> im reinen Sein...
> (92)

Das reine Sein der schönen Sprache: das mag nach Rilke oder Benn klingen. Die Gefahr eines selbstherrlichen Ästhetizismus liegt hier nicht fern. Indes mangelt es der Bachmannschen Dichtung an jener totalen Geschichtslosigkeit, die der Verabsolutierung der Kunst von jeher eigen gewesen ist. In der schöpferischen Sprache sieht Bachmann die Versinnlichung der Welt, sie soll deren Gegenständlichkeit identifizieren helfen. Das reine Sein und die schöne Sprache bleiben Bezeugung. Bachmann preist die Welt, nicht die Sprache ihrer eigenen Dichtkunst. Zugleich aber begreift sie die Schöpfung als eine heilige Schrift Gottes. Erst von hier aus ergibt sich der volle Sinn ihrer durchaus religiösen Sehnsucht, der Mensch möge „zur Sprache kommen". In solchem Zustand der Erkenntnis und Verwirklichung ist er eins mit Gott, mit Bewußtsein neu erschaffen, ein lebendiger Zeuge des heiligen Worts. In *Curriculum Vitae*, diesem Zeugnis einer repräsentativen Ich-Geschichte, deckt sich die religiöse Sprache erneut mit einer sinnlich gegenständlichen Natur-Metaphorik:

> O hätt ich nicht Todesfurcht!
> Hätt ich das Wort,
> (verfehlt ich's nicht),
> hätt ich nicht Disteln im Herz,
> (schlüg ich die Sonne aus),
> hätt ich nicht Gier im Mund,
> (tränk ich das wilde Wasser nicht)...
> (101)

Für Ingeborg Bachmann ist die Sprache ein Schuldmesser. Das Gesetz, die Ordnung und das begreifliche Wesen der Dinge erfüllen sich im gerechten Wort. Bachmanns Schuld-Konzept ist geschichtlich, moralisch und religiös. In einem Land wie Österreich, „wo nichts mehr geschieht", läßt sich „die Vergangenheit ganz ableiden". (*Malina*, 97) Auch hier bekennt sie sich zu einem stellvertretenden Leiden: „man muß die Dinge ableiden," erklärt sie, „die anderen haben ja keine Zeit dazu, in ihren Ländern, in denen sie tätig sind und planen und handeln." (ebd.) Das Erzähl-Ich des Romans *Malina* spricht von den „wahren Unzeitgemäßen" geschichtsbewältigender Zeitgenossen,

> denn sie sind sprachlos, es sind die Sprachlosen, die zu allen Zeiten regieren. Ich werde Ihnen ein furchtbares Geheimnis verraten: die Sprache ist die Strafe. In sie müssen alle Dinge eingehen und in ihr müssen sie wieder vergehen nach ihrer Schuld und dem Ausmaß ihrer Schuld.
> (ebd.)

Die handlungsträchtigen Bemühungen einer bundesdeutschen „Bewältigung der Vergangenheit" sind Ingeborg Bachmann eher verdächtig geblieben. Sie hält an dem biblischen Begriff einer sich gewaltsam übertragenen Kollektivschuld fest. (vgl. *Menschenlos, Wie soll ich mich nennen*) In der Erzählung *Alles* wird das Kind erneut zum ersten Menschen. (143) Eines Tages muß der Vater die entsetzliche Entdeckung machen: „„...das Böse, wie wir es nennen, steckte in dem Kind wie eine Eiterquelle." (150) Umsonst versucht er, seinem Sohn die Ordnung der Dinge in einer neuen Sprache mitzuteilen. Damit wird auch er wieder zum „ersten Menschen". (149) Die Übertragung der Schuld findet in der Sprache statt. Diese zentrale Einsicht bestimmt die geschichtliche, moralische und religiöse Bedeutung der Sprache im Werk Ingeborg Bachmanns. Der Traum eines neuen Menschen mit einer neuen Ausdruckslogik bleibt tragisch unerfüllt. Der Versuch, dem Kind „ein Leben in Schuld" (145) zu ersparen, ihm „die Schattensprache", „die Wassersprache", „die Steinsprache" oder „die Blättersprache" (ebd.), die schöne Sprache des reinen Seins zu lehren, scheitert. In nie genau dargelegter Weise umschreibt Bachmann ihre Ahnung einer schuldhaften Geschlechtlichkeit. Das liest sich zuweilen wie ein säkularisiert protestantisches Bekenntnis zur Erbsünde, wie ihre selbstquälerische Schuldbesessenheit überhaupt. Den Vater des „bösen" Kindes läßt sie sagen:

> Mir fallen jetzt solche Worte ein, weil es für diese finstere Sache kein klares Wort gibt; sowie man daran denkt, kommt man um den Verstand. Finstere Sache: denn da war mein Samen, undefinierbar und mir selbst nicht geheuer, und dann Hannas Blut, in dem das Kind genährt worden war und das die Geburt begleitete, alles zusammen eine finstere Sache. Und es hatte mit Blut geendet, mit seinem schallend leuchtenden Kinderblut, das aus der Kopfwunde geflossen ist.
>
> (153)

Diese dunkle Geschlechtlichkeit glaubt Bachmann als Eros der Gewalt schuldhaft in Erfahrung gebracht zu haben. Die Liebe offenbart ihren gewaltsamen Charakter in der Sexualität. Bachmanns Liebesgedichte leiten ihre charakteristische Spannung aus solchem zutiefst empfundenen Widerspruch zwischen Hingabe und Aufgehen im anderen und der gleichzeitigen Gefahr einer Vergewaltigung ab. Nirgends zeigt sich der Kontrast deutlicher als in ihren *Liedern auf der Flucht*. Das zwölfte Gedicht der Sequenz lautet:

> Mund, der in meinem Mund genächtigt hat,
> Aug, das mein Aug bewachte,
> Hand —
>
> und die mich schleiften, die Augen!
> Mund, der das Urteil sprach,
> Hand, die mich hinrichtete!
>
> (145)

Eine entsprechende Ambivalenz kennzeichnet Ingeborg Bachmanns Verhältnis zur Sprache. Dichten verhilft ihr durchaus zu einem erotischen Selbstbezug. In der Liebe zur Sprache liegt bereits die Furcht vor ihrer Vergewaltigung. Sie bleibt Ausdruck menschlicher Schuld, zugleich aber das Versprechen ihrer Aufhebung. Bachmanns Dichtung bemüht sich um die Überwindung der „schlechten Sprache", der „Gaunersprache" im heiligen Wort. Der Doppelcharakter ihres künstlerischen Ausdrucks kennzeichnet sich als charakteristischer Konflikt. Das drittletzte Gedicht der *Lieder auf der Flucht* enthält den bezeichnenden Appell an die Sprache:

> Ich bin noch schuldig. Heb mich auf.
> Ich bin nicht schuldig. Heb mich auf.
>
> (146)

Es schließt mit der demgemäß widersprüchlichen Identifizierung:

> Ich bin es nicht.
> Ich bin's.
>
> (ebd.)

Die Aufhebung in der Sprache gleicht der Hingabe an den Mann. Geschlechtlich Übernommenes, Ererbtes und Eigenes fließen zusammen. Nur selten kommt es in Bachmanns Lyrik zu einer gemeinschaftlichen Sprache der Geschlechter. Um sich gegenseitig mitteilen zu können, heißt es gegen Ende der Erzählung *Alles*, müßte man „zuerst den Trauerbogen zerreißen können, der von einem Mann zu einer Frau reicht." (158) In der großartigen Sequenz *Von einem Land, einem Fluß und den Seen* zeichnet Ingeborg Bachmann die Evolution der Liebe (IV) und der Sprache (V). Als Bestandteil der Natur, die von einer technologischen Gewalt des Menschen bedroht wird, sind die Liebenden zugleich Hüter des Wortes, Zeugen einer geschlechtsharmonischen, „gepaarten" Sprache. Hier gestaltet sich als äußerste Rarität ein ursprüngliches, reines, geteiltes Verstehen.

> Wer weiß, was sie auf Grat und Gipfel suchten?
> Ein Wort? Wir haben's gut im Mund verwahrt;
> es spricht sich schöner aus in beiden Sprachen
> und wird, wenn wir verstummen, noch gepaart.
>
> (88)

Es ist die Paarung der Geschlechter, zugleich die „Paarung" des Wortes mit Geist und Sinn. Der Zersplitterung solcher ehedem einheitlichen Sprache in regionale Dialekte, ihrer Aufteilung in nationale Ländersprachen entspricht die Entfremdung zwischen Mann und Frau. Ingeborg Bachmann erotisiert Wortgrenzen wie sie Geschlechtsgrenzen versprachlicht.

> Die Handvoll Himmel und ein Tuch voll Erde
> bringt jeder mit, damit die Grenze heilt.
>
> (ebd.)

Es kommt dabei zu einer (keineswegs nur metaphorischen) Verbindung von Sprache, Geschlecht und (Heimat-) Land. Das im Titel dieser Gedichtfolge angesprochene Land bedeutet nicht nur die heimatliche Landschaft der Dichterin, sondern darüber hinaus auch die Heimat der Geschlechter, einen Ort der Überwindung, des Einklangs, der Harmonie, der Schönheit, der Aufhebung. Es behaust eine literarische Utopie, ein geistiges Glaubensbekenntnis. Letztlich ist es die schöne Sprache der Literatur selbst, die uns eine Ahnung davon vermitteln kann, wie es sein wird, wenn der Mensch „zur Sprache kommen wird." Bachmann bestimmt das „reine Sein" als dichterisches Postulat:

> Wir aber wollen über Grenzen sprechen,
> und gehn auch Grenzen noch durch jedes Wort:
> wir werden sie vor Heimweh überschreiten
> und dann im Einklang stehn mit jedem Ort.
>
> (89)

Der Ort des Einklangs bleibt die Dichtung; sie wird der sich als dauerhaft im Exil Begreifenden zur Heimat. Wie sehr Sprache und Heimat in einem ständigen Spannungsverhältnis aufeinander bezogen bleiben, bezeugt Bachmanns biographische Notiz aus den *Vermischten Schriften* (Band IV der *Werke*). Ihre Jugend verbringt sie im südöstlichen Kärnten, nahe der österreichisch-slowenischen Grenze, unweit Italiens. „So ist nahe der Grenze," erklärt sie, „noch einmal die Grenze: die Grenze der Sprache – und ich war hüben und drüben zu Hause...". (301) Es gilt, diese biographischen Hintergründe im Gedächtnis zu behalten, will man ihre Beheimatung in einem Spannungsfeld der Sprache richtig verstehen. Ingeborg Bachmann glaubt sich mehr als durch alle anderen literarischen Einflüsse von diesem heimatlichen Grenzgebiet geprägt. Sie weiß sich beherrscht von der „mythenreichen Vorstellungswelt meiner Heimat, die ein Stück wenig realisiertes Österreich ist, eine Welt, in der viele Sprachen gesprochen werden und viele Grenze verlaufen." (302) Die Vereinigung aller Sprachen, ihre Erhöhung zum „reinen Sein" in der Dichtung ist Ingeborg Bachmanns überragendes Anliegen geblieben. *Der Fall Franza* faßt die religiöse Heimkehr in der Literarisierung einer Kapitelüberschrift zusammen: „Heim nach Galicien" (344). Nur wenig später heißt es noch deutlicher: „Heim nach Galicien, Matth. 12, 20. Wie unwiderstehlich ist Galicien, die Liebe." (356-357) Das heimatliche Land, die heilige Schrift und die unwiderstehliche Liebe fallen an diesem einen (Bewußtseins-)Ort zusammen. Der Ort selbst jedoch wird in Literatur, in die „schöne Sprache" verwandelt. Bachmanns Dichtung sucht Heimat, Religion und Liebe zu einer neuen Einheit zusammenzuschließen. Von nichts anderem handelt auch der Gedichtzyklus *Von einem Land, einem Fluß und den Seen*. Das erste Gedicht dieser Sequenz vereinigt in seiner Anrufung des Exils eine märchenhaft-religiöse und eine naturbezogen-mythologische Sprache. Der Fortgang aus der Heimat („Von einem, der das Fürchten lernen wollte und fortging aus dem Land...") wird als ein Schritt in die Anonymität gesehen („zähl ich die Spuren..., denn, so Gott will, wird sie der Wind verwehn!"). Doch bereits in der zweiten Strophe verwandelt sich die Selbstverfremdung in eine soziale Identität; das gewaltsam vernichtete Ich erweist sich als austauschbar. In der Vergewaltigung der Individualität erkennt Bachmann hier die Grundlage einer gesellschaftlichen Ordnung. Erst aus dem geteilten Leid entfaltet sich eine neue individuelle Repräsentanz:

> Die Lose ähneln sich, die Odysseen.
> Doch er erfuhr, daß wo die Lämmer weiden,
> schon Wölfe mit den Fixsternblicken stehn.
>
> (84)

Die Zeilen verbinden zwei zentrale Themen des Bachmannschen Werks: die Vergewaltigung und das repräsentative Leiden des einzelnen. Die Erinnerung verleiht Identität; das Gedicht endet mit einem Aufruf an die Wandlungsfähigkeit der Zeit. Die zweitletzte Strophe zeichnet eine religiös wunderbare Verwandlung, eine halb märchenhafte, halb christliche Metamorphose der sieben Wochen- und Schöpfungstage.

> Doch sieben Steine wurden sieben Brote,
> als er im Zweifel in die Nacht entwich...
>
> (ebd.)

Zweifel wird in der Erinnerung durch Glauben abgelöst; die Erinnerung offenbart sich als Glauben der Zeit, als zeitliche Treue. Heimat und Fremde, Sein und Bewußtsein, Glaube und Wissen fallen in der Gleich-Zeitigkeit der Erinnerung zusammen. Nicht zufällig schließt das erste Gedicht mit einem deutlichen Rückbezug auf Bachmanns ersten, 1953 erschienenen Sammelband *Die gestundete Zeit:* auch dort geht es um die Dauer der Zeit (ein Thema, das durch ihre 1950 fertiggestellte Promotion über Martin Heidegger motiviert sein dürfte), auch dort befaßt sich das erste Gedicht mit einer „Ausfahrt vom Lande". (28)

> Erinnre dich! Du weißt jetzt allerlanden:
> wer treu ist, wird im Frühlicht heimgeführt.
> O Zeit gestundet, Zeit uns überlassen!
> Was ich vergaß, hat glänzend mich berührt.
>
> (85)

Bis hin zu *Malina* bleibt das Erinnern bei Ingeborg Bachmann der wesentliche Bestandteil eines Erzähl- und Identifizierungsprozesses. „Ich muß erzählen. Ich werde erzählen. Es gibt nichts mehr, was mich in meiner Erinnerung stört." (23) So heißt es zu Beginn des Romans. Kurz darauf, im Schlußabsatz der Einleitung, wird widersprüchlich erklärt: „Ich will nicht erzählen, es stört mich alles in meiner Erinnerung." (27) Noch im dritten Buch antwortet das Ich in einem Dialog mit Malina: „Ich erzähle nicht, ich werde nicht erzählen, ich kann nicht erzählen, es ist mehr als eine Störung in meiner Erinnerung." (261) In einem späteren Gespräch fügt sie erläuternd hinzu: „Ich wollte erzählen, aber ich werde es nicht tun. (mesto) Du allein störst mich in meiner Erinnerung." (332) Malina ist somit nicht nur der Name ihres Lebensgefährten, sondern vor allem Titelzeichen eines Romans, der sich mit den Schwierigkeiten eines erzählerischen und heimatlichen Identifizierens auseinandersetzt. *Malina* ist nicht zuletzt auch eine kulturelle, land-

und heimatbezogene Standortbestimmung der Autorin. In einem autobiographischen Rückbezug (auch das also wiederum Erinnerung) faßt Ingeborg Bachmann ihre Universitätsexamen mit der bekenntnishaften Bemerkung zusammen: „Ich bin mit dem Raum- und Zeitproblem aber später nie fertig geworden. Es wuchs und wuchs." (307) Die Erinnerung ist nichts anderes als „die gestundete Zeit", das „Sein" aufbewahrt, aufgehoben in der „Zeit". (Wieder ist Heideggers Hauptwerk *Sein und Zeit* überdeutlicher Bezugspunkt des Bachmannschen Sprachbildes.) Es gelingt der Dichterin, zwei scheinbar widersprüchliche Konzepte harmonisch miteinander zu verbinden. „Die gestundete Zeit" ist sowohl die „gezeitigte" als auch die „bewahrte" Zeit, oder, wie es im Gedicht heißt: die gestundete Zeit ist „Zeit uns überlassen!" Bachmanns Zyklus *Von einem Land, einem Fluß und den Seen* sucht durch die Erinnerung einer gestundeten Zeit die heimatliche Identität des lyrischen Ichs zu gestalten.

Im zweiten Gedicht erscheint die heimatliche Landschaft so, wie sie die Erinnerung bewahrt hat. Es ist ein Sprachgemälde von sinnlicher Präsenz. Was in den Prosawerken Thomas Bernhards als Fluch einer dumpfen, verstörten Sinnlichkeit beschrieben wird, erscheint in den Versen der Bachmann als heimatliche Idylle. Ein natürlicher Eros herrscht in diesen Skizzen dörflicher Gemächlichkeit, Leben und Tod werden gleichermaßen als sinnliche Erfüllung gezeichnet.

> Die Alten liegen in den dumpfen Stuben,
> das Testament im Arm, im zweiten Schlaf,
> und ihre Söhne zeugen wortlos Söhne
> mit Mägden, die der Gott als Regen traf.
> (ebd.)

Nach solchen Zeilen bezieht sich die folgende (fünfte) Strophe absichtsgemäß auf die Lebenserfüllung der „Alten" im bevorstehenden „zweiten Schlaf" des Todes *und* auf die geschlechtliche Vereinigung der „Söhne" und „Mägden"; beide Vorgänge werden sogleich in die sie umgebende Natur integriert:

> Gestillte Lippen und gestillte Augen —
> die Raupen hängen eingepuppt im Schrein...
> (ebd.)

Die natürliche Landschaft wird im dritten Gedicht selbst mythologisiert. Bachmann sucht hier die Vorgeschichte ihrer Heimat zu gestalten. Auch die sagenhaften Gestalten, die sich dem Gebirge einverleibt haben, gehen schließlich in Anonymität unter. Wieder ist die Zeit Erbauer und Zerstörer. Über die „unbeschuhten Geister", deren Mythologie in der zweiten Strophe näher gekennzeichnet wird, heißt es unmißverständlich:

> die Nacht vertuscht sie, die uns kommen ließ.
> Sie schlägt den Erdplan auf, verschweigt die Ziele;
> sie trägt die Zeit als eine Eiszeit ein...
> (86)

Damit geht das Gedicht aus dem Bereich der Mythologie in das Gebiet der Geologie über. Bachmann weiß ihre Heimat „vom Faltenwurf der frühen Welt umwallt." Für sie ist die Mythologie die Poesie der Vorwelt, aber auch die geologischen Verwandlungen der Vorzeit begreift sie als einen dichterischen Prozeß. Ihre eigene Lyrik stellt eine charakteristische Verbindung zwischen Mythologie und Geologie her: gemeinsam helfen sie, das Bild der menschlichen Heimat zu bestimmen.

> Ins Schwemmland führt die Nacht. Es schwemmt uns wieder
> ins Kellerland der kalten neuen Zeit.
> So such im Höhlenbild den Traum vom Menschen!
> Die Schneehuhnfeder steck dir an das Kleid.
> (87)

Auf solche Weise betreibt die Dichterin hier eine poetische Geologie. Sie legt die vielen Bewußtseinsschichten ihrer Erinnerung an Heimat, Sprache und Liebe frei.

Das vierte Gedicht folgt dem Muster eines solchen Enthüllungsprozesses. Es gestaltet die Evolution, die geologischen Schichten gleichsam der Liebe. Auch diese Entstehungsgeschichte bleibt auf das heimatliche Land bezogen. Es ist der Ort der Ankunft, das Ende einer Entwicklung, die Geburt und Behausung des Menschen. 180 Jahre vor der Niederschrift des Bachmannschen Gedichts, am 14. April 1776, sandte Goethe die Verse *Warum gabst du uns die tiefen Blicke* an Frau von Stein. Deren bekanntesten Zeilen lauten:

> Ach, du warst in abgelebten Zeiten
> Meine Schwester oder meine Frau.

Unwillkürlich wird der Leser in den Anfangszeilen des Bachmann-Gedichts eine (bewußte oder unbewußte) Goethe-Reminiszenz erkennen.

> In andren Hüllen gingen wir vorzeiten,
> du gingst im Fuchspelz, ich im Iltiskleid...
> (ebd.)

Doch die Reichweite dieses Gedichts ist, nicht nur vom Thema her, unvergleichlich größer. Was bei Goethe zu einer intensiv persönlichen Mythologie gerät, verdichtet Bachmann zu einer Evolution der Menschheit. Die im vorangegangenen Gedicht zitierte „Eiszeit" (86) wird nunmehr poetisch erfahren; ein kollektives Bewußtsein durchläuft die verschiedenen Seinsstufen vom gefrorenen Element über Gestein, Pflanze und Tier zum Menschen.

> Wir standen zeitlos, lichtlos in Kristallen
> und schmolzen in der ersten Stunde hin,
> uns überrann der Schauer alles Lebens,
> wir blühten auf, bestäubt vom ersten Sinn.
> (ebd.)

Diese Geschichte einer Liebe erweist sich also als ein poetischer Nachvollzug der Evolution alles Seins. Und wiederum mündet der Bewußtseinsprozeß, die sprachgeologische Offenbarung von Identitäts- und Bewußtseinsstufen in die Erinnerung eines heimatlichen Landes. Das Land dieser Gedichtsequenz verdichtet sich zum Bild einer entstehungsgeschichtlichen Identität.

> Wir kamen in das Land mit seinen Quellen.
> Urkunden fanden wir. Das ganze Land,
> so grenzenlos und so geliebt, war unser.
> Es hatte Platz in deiner Muschelhand.
> (88)

Die letzte Strophe signalisiert den einstweiligen Abschluß einer Entwicklung. Man wird die „Urkunden" der zweiten Zeile nach dem Vorangegangenen mit Sicherheit auch als mythologisch-sagenhafte Ur-Kunden deuten müssen. Das Land gibt der Dichterin Kunde von einer Vorzeit und einer Evolution, an der sie liebevoll teilzunehmen sucht. Ihre Dichtung ist insofern bewußter Nachvollzug.

Damit ist der Übergang zu einer weiteren Deutung des heimatlichen Landes gegeben. Es wird mehr und mehr zu einem Hort der Sprache. Im fünften Gedicht zeichnet Bachmann die gewaltsame Bedrohung des soeben erst entdeckten Landes, der grenzenlosen und geliebten Paarung des Wortes. Die Vielfalt der Sprachen droht den freien Ausdruck und die liebevolle Identifizierung mit dem anderen Menschen erneut zu begrenzen.

> Wenn sich in Babel auch die Welt verwirrte,
> man deine Zunge dehnte, meine bog —
> die Hauch- und Lippenlaute, die uns narren,
> sprach auch der Geist, der durch Judäa zog.
> (ebd.)

Die Entstehungsgeschichte der Sprachen wird in einem gleichermaßen religiösen und gewaltsamen Vokabular beschrieben. In ihrer Erzählung *Alles* (1959) nimmt Ingeborg Bachmann erneut auf eine babylonische Sprachenverwirrung Bezug, um abschließend ein korrelatives Abhängigkeitsverhältnis von Sprache und Zeit zu verkünden. Dort heißt es:

> Und ich wußte plötzlich: alles ist eine Frage der Sprache und nicht nur dieser einen deutschen Sprache, die mit anderen geschaffen wurde in Babel, um die Welt zu verwirren...Alles war eine Frage, ob ich das Kind bewahren konnte vor unserer Sprache, bis es eine neue begründet hatte und eine neue Zeit einleiten konnte.
> (143)

Das Gedicht endet mit einer Gleichsetzung der Reime Wort und Ort; sie werden zusammengehalten durch das „Heimweh" (89) nach einer Sprache, die alle Wortgrenzen zu überschreiten vermag. Es ist die Sprache der Dichtung, in der sich Ingeborg Bachmann beheimatet weiß.

Schon der Hinweis auf das biblische Babylon verleibt dem Sprachenursprung etwas religiös Sündhaftes ein. Einer natürlichen Ursprache folgt die Vielfalt zahlreicher Sprachen, deren Wesen es ist, Verstehen und Identifizieren, Kennen und Wissen, Bezeugen und Sein zu trennen oder zu begrenzen. Bachmann beklagt diese Entwicklung als einen babylonischen Sündenfall der Sprache. Die Erzählung *Simultan* führt zwei Menschen unterschiedlicher Sprachauffassungen zusammen. Während „Mr. Frankel fragte, glaubst du, daß die Menschen einmal eine einzige Sprache haben werden?" (304), eine Möglichkeit, die er „sich durchaus vorstellen" (ebd.) könnte, bestimmt die Simultan-Dolmetscherin vorsichtiger und präziser: „ich habe etwas anderes erfunden, was? das habe ich erfunden, ja, das hast du erfunden, und sie kämpfte erbittert und wild für ihre Erfindung und sprachlos der einzigen Sprache entgegen, auf diese eine zu, die ausdrücklich und genau war." (302-303) Für sie — wie für die Dichterin Ingeborg Bachmann — ist die Sprache ein Ausdrucksprozeß, der der babylonischen Vielsprachigkeit entgegenzuwirken sucht. An die Stelle des bloßen Übersetzens soll ein anderes „Sein", die „neue" Sprache treten. Die Erzählung findet ihren Höhepunkt und Abschluß, als die professionelle Dolmetscherin der Vereinten Nationen erkennen muß, daß es Sätze „der einzigen Sprache" gibt, die sich in keine andere Ausdrucksform übersetzen lassen. Spielerisch benutzt sie „die Bibel" wie „ihre Wörterbücher" (41), bis sie auf den Satz stößt: „Il miracolo, come sempre, è il risultato della fede e d'una fede audace." (42) Es ist gewiß nicht nur die Heilige Schrift im christreligiösen Sinne, auf die hier Bezug genommen wird. Das Wunder schließt für die Erzählerin auch „das Wort ...für die Karfunkelfee" (*Das Spiel ist aus*, 83), die Magie des Märchens und den Zauber der dichterischen Sprache mit ein. Die Dolmetscherin entdeckt eine neue Art der Gleichzeitigkeit, die Aufhebung der Zeit „im reinen

Sein" „der schönen Sprache". (VIII, 92) Es ist die geistige Zeitgenossenschaft der Sprache, die Ingeborg Bachmann hier bezeugt. Sie beschreibt die neue Bedeutung der Simultaneität in der Hilflosigkeit und Verzweiflung ihrer sprachkundigen Protagonistin:

> Sie hätte den Satz in keine andere Sprache übersetzen können, obwohl sie zu wissen meinte, was jedes dieser Worte bedeutete und wie es zu wenden war, aber sie wußte nicht, woraus dieser Satz wirklich gemacht war. Sie konnte eben nicht alles.
> (315)

Die Dichtung ist für Bachmann eine Annäherung an diese „einzige Sprache". Allen Wörtern liegt eine religiöse Dimension inne: sie sind entweder heilig oder sündig. So ist es kein Zufall, daß Bachmanns Zyklus *Von einem Land, einem Fluß und den Seen* abgesehen von einem heimatlichen Land der Sprache die religiösen Themen Tod, Gewalt und Sündenfall zu gestalten sucht.

Das sechste Gedicht nimmt den ländlichen Schlachttag zum Anlaß, einen mörderischen Sündenfall in Erinnerung zu rufen. In dichterischem *Simultan*-Bezug auf das geschlachtete Tier und den sterblichen Menschen heißt es in „neuer Sprache":

> Und einen Blutsturz später: Wangenflecken —
> die erste Scham, weil Schmerz und Schuld bestehn...
> (90)

In deutlicher Absicht wird der Tod des Menschen mit einer geschriebenen Sprache in Zusammenhang gebracht. In *Alles* bemerkt der Erzähler einmal, daß nicht nur Wörter eine Sprache bilden; „darunter schwelt noch eine Sprache," erklärt er, „die reicht bis in die Gesten...". (143) Die letzte Strophe des Gedichts zeichnet eine Sprache des Todes.

> Die Augen gehen über. Jahre sinken.
> Die junge Braue fühlt den weißen Stift.
> Und die Gerippe steigen aus dem Anger,
> die Kreuze mit der dürren Blumenschrift.
> (ebd.)

Gewalt und Sünde sind für Bachmann austauschbar, nicht nur vom eigenen Wesen her, sondern vor allem auch in ihrem Bezug auf den Menschen: sie sind übertragbar. Wieder läßt sich von einer Anlehnung an die „heilige Schrift" der Bibel sprechen.

So überrascht es nicht, daß das folgende Gedicht einen religiösen Festtag (Allerheiligen) zum Thema nimmt, um die heimatliche Landschaft erneut heraufzubeschwören. Auch bei diesen dörflichen Feierlichkeiten geht es nicht ohne tödliche Gewalt. Sie scheint unmittelbarer Bestandteil einer sinnlichen Lebensfreude.

> Ein Schuß fällt immer, der im Fleisch verhallt.
> Und Einer bleibt am Ort, verscharrt in Nadeln
> und stumm gemacht vom Moos im schwarzen Wald.
> (91)

Das sind bereits die Folgen einer sündigen Natur. Nicht nur formal, im äußerlichen Sprachgebrauch, erinnert dieses siebte Gedicht an Hugo von Hofmannsthals *Ballade des äußeren Lebens*. Auch dort prallen Gewalt, Sinnlosigkeit und „vielsagende" Sprache aufeinander.

Die Ästhetik einer existentiellen Sprache formuliert das achte Gedicht, das sich ausdrücklich auf die literarische Erfindung der im Zyklus behandelten natürlichen Landschaft besinnt. Der Heimatlosigkeit in dieser Welt („Dort kommst du niemals an.") setzt die Dichterin die Verinnerlichung und Erinnerung ihrer Lyrik entgegen. Auch das ist eine Vermenschlichung der Natur, des Weltalls, der Existenz.

> Beim Untergang des schönsten aller Länder
> sind wir's, die es als Traum nach innen ziehn.
> (92)

Das ist das gesetzliche Begreifen, von dem die letzte Strophe spricht. In der Versprachlichung des Seins sieht Bachmann das erinnernde Bewahren, die Schönheit und Reinheit menschlichen Bewußtseins. Ihre Dichtung sucht ein simultanes Wissen zu vermitteln, eine Gleichzeitigkeit, die nicht unhistorisch, sondern sinnliches Zeugnis zu sein trachtet. Der Begriff soll „ganz begreifliche" Erscheinungen, Gegenstand einer natürlichen „Ordnung" werden. Das Gedicht bemüht sich um eine Gegenwärtigkeit der Geschichte („Zugegen sind sie in der schönen Sprache..."). Seine Mythologie ist die Versinnlichung des Sinns.

Das vorletzte Gedicht der Sequenz ist ein überzeugendes Beispiel der dichterisch „neuen" Sprache. Fast alle vorangegangenen Themen werden hier wieder aufgegriffen. Bachmann gelingt in diesen Zeilen die poetische Verwirklichung, die dichterische Veranschaulichung ihres zentralen Anliegens, nicht nur in der Lyrik: die Überwindung der Gewalt, ihre Verwandlung durch Liebe, kurz: das korrelative („simultane") Bezugsverhältnis eines Eros der Gewalt und der Gewalt des Eros. Der menschliche Geschlechtsakt wird als Teil der Natur Opfer der gleichen dunklen Triebe wie die zyklischen Jahreszeiten, Wachsen und Sterben, Gewalt und Verzicht. In der Fastnacht einer solchen undurchsichtigen Existenz kommt es zur Gegenüberstellung des Knechts mit der Peitsche in der Hand und einer Amsel „am Ausgang in das letzte Hirtenland." (93) Beide sind sprachliche Masken, dichterische Bilder der Vergewaltigung und der Fürsorge. Mit dem gewaltsamen Tod der „Flatternden" wird zugleich die Schönheit der Liebe erfahren. Bachmanns Gedicht gestaltet das Verhältnis der Geschlechter zueinander. Es entwirft in naturmythologischer, märchenhafter Metaphorik einen balladesken Dialog zwischen dem „Bruder mit den Weißdornaugen" und der „Schwester", zwischen dem Strohmann und der „Amsel", zwischen Gewalt und „seligen Verzicht." (ebd.)

Erwartungsgemäß erweist sich das Schlußgedicht des Zyklus als Zusammenfassung und Höhepunkt der Sequenz. Bachmanns Gedichtfolge entspricht somit ihrer Vorstellung der dichterischen, der „neuen", der „einzigen" Sprache: sie ist ein Ausdrucks*prozeß*, die Entwicklung zu einem unmittelbar sinnlichen Begreifen, die Annäherung an ein wunderbar magisches Sein. So schließt sich der Kreis. Bereits in der ersten Strophe wird das „Land" mit vielschichtigen Rückbezügen (Evolution der Natur, der Sprache, der Liebe, Sündenfall) erneut heraufbeschworen, um sodann endgültig verabschiedet zu werden.

> Im Land der tiefen Seen und der Libellen,
> den Mund erschöpft ans Urgestein gepreßt,
> ruft einer nach dem Geist der ersten Helle,
> eh er für immer dieses Land verläßt.
> (ebd.)

Auch der Abschied von diesem Land wird im Einvernehmen mit der Natur vollzogen („Im Schaumkraut badet er die wehen Augen"). Es ist die Erntezeit des Herbstes. Die „entzauberte" Erinnerung läßt sich allein durch das heimatlich volkstümliche Lied („das weite Herz und die

Harmonika") besiegen. Mit den Zugvögeln wandert auch der Einheimische (und mit ihm die Sehnsucht der Daheimgebliebenen) aus.

> Wer jetzt trinkt, trinkt auf schwarze Vogelzüge,
> und jede Ferne macht sein Herz verrückt.
> (94)

Das Ende des Zyklus steht im Zeichen der Auflösung. Reife und Vergänglichkeit, Zerfall und Zerstörung bestimmen den Abschied aus dem Heimatland der Jugend. Dennoch bekräftigt Bachmann in den Schlußzeilen der Sequenz ihre Verbundenheit mit diesem Land. Es ist (nicht nur) für sie lebenserhaltender, identitätsstiftender, erinnerungsträchtiger Bezugspunkt geblieben. Durch ihn weiß sie sich ausgewiesen. So bedeutet die Entfernung aus dem „Land der tiefen Seen", aus dem südöstlichen Kärnten, dem Geburtsland der Dichterin, zugleich eine beständige Heimkehr in dichterischer Erinnerung, in der „gestundeten Zeit" außerhalb des babylonischen Sprachenlabyrinths. Die Verheißung der Heimkehr findet sich bereits in den letzten Zeilen des ersten Gedichts:

> Erinnre dich! Du weißt jetzt allerlanden:
> wer treu ist, wird im Frühlicht heimgeführt.
> (85)

Diese Treue bewahrt Ingeborg Bachmann ihrer natürlichen und dichterischen Heimat. Im selbstgewählten italienischen, deutschen und schweizerischen Exil bleibt sie dem Land ihrer Herkunft, der Landschaft ihrer Kindheit und Jugend innigst verbunden. Dabei verwandelt es sich mehr und mehr in das Land ihrer Dichtung, in die „neue Sprache". Die Gedichtfolge schließt mit der bekenntnishaften Erklärung:

> Zu allem frei, wird sich die Hand nicht lösen,
> die einen fängt vorm Gang ins Labyrinth.
> (94)

Die (dichterische) Sprache verwandelt Zeit in Sein, sie ist die bewahrende Erinnerung, der Ariadnefaden, durch den sich Ingeborg Bachmann führen und identifizieren läßt.

Für diese Dichterin ist der Sündenfall der Sprache ihre Vielfalt. Der verfremdenden Vielsprachigkeit hofft sie einen heimatlichen Ausdruck entgegenzuhalten. Die Pole Heimat und Fremde sind stets als sprachliche Bezugspunkte zu verstehen. In ihrem wahrscheinlich 1952 entstandenen Gedicht *Die Welt ist weit* wird diese Verbindung besonders deutlich. Die erste Strophe beginnt mit den Zeilen:

> Die Welt ist weit und die Wege von Land zu Land,
> und der Orte sind viele, ich habe alle gekannt,

um nur wenig später fortzufahren:

> Und der Mund der Welt war weit und voll Stimmen an
>   meinem Ohr
> und schrieb, noch des Nachts, die Gesänge der Vielfalt vor.
> (22)

Der Sprachen der Welt schreiben ihre „Gesänge der Vielfalt" vor; sie erzwingen eine babylonische Verfremdung. Es gilt, den programmatischen Zusammenhang zwischen Heimat (Land), Zeit und Sprache in der Dichtung Ingeborg Bachmanns zu erkennen. Ihre Natur-Metaphorik, das Vokabular einer literarischen Mythologisierung (einschließlich des Märchens) ist in doppelter Hinsicht geliehen, „gestundet", geborgt. Sie sollen den Bezug zwischen einer verfremdeten Heimat, Zeit und Sprache zeichenhaft andeuten helfen. Die „Fahrt" (22) oder „Ausfahrt" (28) aus dem heimatlichen Land ist Bachmanns Bild für die verlorene Unschuld der Sprache. Eine neue Bewußtseinsstufe gibt sich kund. Wer die erstgeborene Sprache verläßt, ist einer, „der das Fürchten lernen wollte/und fortging aus dem Land". (84) Bachmann geht in ein freiwilliges Sprachexil; sie läßt ihre naiv übernommene Sprache, die Häuslichkeit eines unreflektierten Ausdrucks zurück.

Dieses neue Sprachbewußtsein ist bereits Thema eines frühen, 1948 entstandenen Gedichts mit dem bezeichnenden Titel *Entfremdung*. Schon als Studentin schreibt Bachmann:
> In den Bäumen kann ich keine Bäume mehr sehen.

Und:
> Ich bin satt vor der Zeit
> und hungre nach ihr.
> (13)

Überdeutlich zeigt sich in solchen Zeilen die Sprachkrise der jungen Dichterin. Diese Verse sollten im Zusammenhang mit zwei anderen Jugendgedichten betrachtet werden, *Die Welt ist weit* und *Ausfahrt* (beide 1952). Es ist kein Zufall, daß vier der fünf Strophen, die in der Werkausgabe unter dem Titel *Die Welt ist weit* abgedruckt sind, mit einer programmatischen Wiederholung ihrer Anfangszeilen die Motive *Fahrt* und *Baum* akzentuieren. Nicht nur die ersten Zeilen der zweiten und dritten Strophe erweisen sich aufeinander abgestimmt, in beiden Fällen folgt ein spezifischer Verfremdungsbezug:
> Die Fahrt ist zu Ende,
> doch ich bin mit nichts zu Ende gekommen...

und
> Die Fahrt ist zu Ende.
> Noch bin ich mit jeder Ferne verkettet...
> (22)

Auch nach der Fahrt bleibt die endlose Ferne. Nach abgeschlossenem Studium und dem Verlassen des heimatlichen Landes artikuliert sich ein akuter Konflikt im Selbstbewußtsein Ingeborg Bachmanns in der Sprache. Die Suche nach einem neuen, verbindlichen Ausdruck hat begonnen. Die Bäume, die die Dichterin in *Entfremdung* nicht mehr sehen konnte, treten jetzt erneut, wenn auch höchst problematisch, in Erscheinung. Die Anfangszeilen der beiden Schlußstrophen lauten, wiederum nicht zufällig:
> Hinter der Welt wird ein Baum stehen...
> (23)

Kein Zweifel: die Bewußtseinskrise der jungen Bachmann wird total versprachlicht. Hinter ihr steht das Studium, insbesondere der Philosophie. Ihr Hauptinteresse gilt den Sprachphilosophen Wittgenstein und Heidegger. Sie findet bei beiden, freilich in recht unterschiedlicher Weise, Richtlinien einer Versprachlichung der Welt, zugleich aber auch die Ahnung davon, was man das Geheimnis der Welt nennen könnte. Sprach- und Existentialphilosophie kommen zusammen, um sich gegenseitig zu beleuchten. In ihrem Radio-Essay *Sagbares und Unsagbares – Die Philosophie Ludwig Wittgensteins* zitiert Bachmann den Satz 6.522 des *Tractatus logico-philosophicus*: „Es gibt allerdings Unaussprechliches. Dies *zeigt* sich, es ist das Mystische" und paraphrasiert:

„Daß die Welt sprechbar – also abbildbar wird –, daß Sagbares möglich ist, ist erst durch das Unsagbare, das Mystische, die Grenze oder wie immer wir es nennen wollen, möglich." (116) Ingeborg Bachmanns „Ausfahrt" ist die Erkenntnis des „Unsagbaren"; mit ihrer „neuen" Sprache der Dichtung sucht sie es *zeichenhaft*, in „gestundeter", geliehener Sprache darzustellen. Das Zeichen ihrer dichterischen Sprache überragt absichtsgemäß das Wort. Denn die „Grenzen", von denen Bachmann in Wittgensteinschem Gefolge spricht, sind gleichermaßen für die Dichterin „nicht nur Grenzen, sondern auch Einbruchstellen des sich Zeigenden, des mystisch oder glaubend Erfahrbaren..., das auf unser Tun und Lassen wirkt." (126) Ihre Sprache bemüht sich um die Kenntlichmachung von „Einbruchstellen des sich Zeigenden." Sie besteht aus Grenzworten, mystischen Markierungen. Der Baum ist ein solches Zeichenbild, eine Erscheinung, die über sich hinausweist. Nicht nur in *Entfremdung* und *Die Welt ist weit* erweist er sich als Bezugs- und Orientierungspunkt einer Sprache, die Grenzen des Sagbaren zu markieren sucht. Auch in *Ausfahrt* heißt es an entscheidender Stelle:

> Aber wenn du scharf hinüberschaust,
> kannst du den Baum noch sehen,
> der trotzig den Arm hebt
> – einen hat ihm der Wind schon abgeschlagen –
> – und du denkst: wie lange noch,
> wie lange noch
> wird das krumme Holz den Wettern standhalten?
> Vom Land ist nichts mehr zu sehen.
> (29)

In unserer bisherigen Deutung hat sich das *Land* als Korrelat der *Sprache* zu erkennen gegeben. Das *Ausfahrt*-Motiv signalisiert eine Krise im übernommenen Sprachverständnis. Entsprechend gilt für dieses Gedicht: nach dem Verlust einer idyllischen Sprache („Vom Lande steigt Rauch auf..."), deren heimatliche Gewohnheiten (dritte Strophe) liebevoll idealisiert und ästhetisiert werden, begibt sich das neue Bewußtsein auf eine nächtliche Ausfahrt, bis „vom Land nichts mehr zu sehen" ist. Die heimatliche Sprache der Kindheit, Jugend und Familie wird zurückgelassen. An ihre Stelle tritt in der Dunkelheit des Unverständlichen, der Einsamkeit und der Gewalt (vgl. *Beim Hufschlag der Nacht*) das Zeichen. Der Baum ist sowohl ein Bild der Begrenzung (der Grenze des Aussagbaren) als auch die Kenntlichmachung einer „Einbruchstelle" des sich Zeigenden. Das Gedicht *Ausfahrt* macht die Spannung zwischen *Land* und *Baum* unmißverständlich deutlich. Wie in Wittgensteins Sprachphilosophie, die eine tautologische Logik und eine sich selbst aufhebende Philosophie progagiert, ist Bachmanns Bild des Baumes nurmehr ein Zeichen, das seine Zeichenhaftigkeit verkündet. Das dichterische Wort ist Zeichen-Sprache. Letztlich will auch Bachmann, daß sich ihre tautologische Sprache zugunsten eines sich Zeigenden aufheben möge. Das Ziel ihrer Dichtung ist somit durchaus Offenbarung, das Sichtbarmachen oder -werden des Mystischen, die Enthüllung des Geheimnisses dieser Welt. Sie muß insofern als religiös im weitesten (nichtkonfessionellen) Sinn bezeichnet werden. Das Zeichenhafte des *Baum*-Bildes läßt sich nicht nur an der *Ausfahrt*-Zeile „der trotzig den Arm hebt" ablesen. Bereits in dem frühen Gedicht *Wie soll ich mich nennen?* (dessen Titel also erneut auf die Krise ihres Sprachbewußtseins Bezug nimmt) identifiziert sich Bachmann mit diesem Zeichen-Bild: „Einmal war ich ein Baum...". (20) Die Verse enden mit der Aussicht auf ein Sein in „anderer Sprache":

> Ein Wort nur fehlt! Wie soll ich mich nennen,
> ohne in anderer Sprache zu sein.
> (ebd.)

Diese andere Sprache sollte jedoch absichtsgemäß keine Verwirklichung in der (eigenen oder sonstigen) Dichtung bedeuten. Bachmanns Konzept der dichterischen Sprache ist, daß sie zur Erscheinung, zum Sich-Sichtbarmachen hinführen soll, niemals aber selbst das Sich-Zeigende sein kann. Der Vorwurf eines Ästhetizismus verfehlt somit sein Ziel. Die tödliche Wesensimmanenz in der Sprache wird ja von der Bachmann ausdrücklich bemängelt.

Indes ist unleugbar, daß sie zugleich der Philosophie Martin Heideggers verpflichtet bleibt. In *Sein und Zeit* heißt es einmal, wenn auch mit negativen Vorzeichen: „Die Sache ist so, weil man es sagt." (12. Auflage, Tübingen 1972, S. 168) Auch Ingeborg Bachmanns lyrisches „Gerede" (Heideggers § 35) vermag eine Sache so zu sagen, wobei dieses Sozusagen eine grundsätzlich andere Form der dichterischen Sprache beinhaltet. Die charakteristische Spannung des Bachmannschen Werks rührt aus dem Widerspruch ihres Sprachgebrauchs. Gelegentlich erliegt sie der „poetischen" Versuchung, sprachliches Sein zu „stiften". Dann will ihre Sprache keine bloße Brücke zum Unaussprechlichen mehr sein.

> Wie ertragen's die Namen,
> die Namenlosen zu tragen?
> (50)

fragt das Gedicht *Die Brücken*. Das Zeichen will wieder Wesen, die Brücke wieder Land werden. Solche sprachlichen Selbstverwirklichungen stehen in deutlichem Konflikt zu Bachmanns Glauben an eine begrenzte Ausdrucksmöglichkeit. Ihr letztes Gedicht *Keine Delikatessen* (vermutlich 1963) ist eine endgültige Kündigung an die Aussagefähigkeit der Sprache. Die Absage an „Worthappen erster Güte" (173) ist nicht nur eine Zurückweisung des Kulinarischen, unter dem die Bachmann-Rezeption in der Tat gelitten hat. Sie ist zugleich der Zweifel am Sagbaren überhaupt. Das sprachliche Grenzwesen ihrer Existenz hat sich totalisiert. Wo einst die Sprache Grenzen sichtbar machen sollte, ist die Grenze ihrerseits zum Zeichen geworden. Zwar kann Bachmann weiterhin erklären:

> Ich grenz noch ein ein Wort und an ein andres Land,
> ich grenz, wie wenig auch, an alles immer mehr,
> (*Böhmen liegt am Meer*, 168),

doch jetzt ist sie selber die Grenze, Opfer einer begrenzten Existenz. Ihre letzte Zeile erweist sich als prophetischer Ausklang einer Lyrik, die von Anfang an unter dem (wesensgemäßen) Paradox der sprachlichen Verwirklichung und der bloßen Versprachlichung der Welt gelitten hat:

> Mein Teil, es soll verloren gehen.
> (173)

Die Aufgabe ihrer lyrischen Dichtung kommt dem Eingeständnis einer Niederlage gleich. Ingeborg Bachmann gelingt es nicht, zwischen den Sprachphilosophien Ludwig Wittgensteins und Martin Heideggers glaubwürdig zu vermitteln. Die Sprache ihrer eigenen Dichtung wird zur eigenen Dichtung ihrer Sprache. Bachmanns Lyrik endet in Ent-Sagung.

Es ist wichtig, dieser Entwicklungsrichtung eingedenk zu bleiben, will man die Gedichte der Bachmann richtig verstehen und im Zusammenhang ihres Gesamtwerks sinnvoll einschätzen. Am

Anfang der Bachmannschen Lyrik steht die Auseinandersetzung mit einer Erbsünde, die sich insbesondere auch der Sprache einverleibt hat. Obwohl durchaus christreligiöse Ansäzte in den frühen Gedichten gegeben sind (*Wir gehen, die Herzen im Staub, Die Häfen waren geöffnet*), offenbart sich das Schuldbewußtsein als untrennbarer Bestandteil einer Sprachkrise. Bereits im Jahre 1944 äußert sich der Konflikt zwischen Sprache und Glaube in einem Gedicht mit dem bezeichnenden Titel *Schranken*:

> Immer nur ist es Versuch,
> tastender Weg,
> immer dein Bild nur,
> das du vom Lichte trägst.
>
> (628)

In solcher Selbstanrede zeichnet sich die zentrale Thematik des späteren Werks deutlich ab. Diese Zeilen wurden ein Jahr vor dem Beginn des Studiums geschrieben. Man wird also sehr vorsichtig sein müssen, schon in solchen Versen Einflüsse Heideggers oder anderer Sprachphilosophen erkennen zu wollen. Doch läßt sich ohne jeden Zweifel sagen, daß Bachmanns Lyrik von Anfang bis Ende der *Licht/Dunkelheit-Polarität* eine leitmotivische Bedeutung zuerkennt. Beide Sprachbilder mögen zunächst in unmittelbarem Erlebnis wurzeln und ursprünglich bloß als dessen Gestaltung in Erscheinung treten. Wo eine solche (obendrein recht allgemein gehaltene) Metaphorik jedoch derartig programmatisch beibehalten wird, muß es sich entweder um ein grundsätzliches, womöglich traumatisches Erlebnis handeln, oder die Bilder gewinnen durch vertiefte Einsichten und gedankliche Reflexionen eine zusätzliche Bedeutung. Bei Bachmann ist beides der Fall.

> Beim Hufschlag der Nacht, des schwarzen Hengstes vorm Tor,
> zittert mein Herz noch wie einst...
>
> (16)

Der Nachklang des intensiv Erlebten ist in solchen Zeilen deutlich vernehmbar. Auch die Verse aus *Dem Abend gesagt* sind noch autobiographische Erlebnislyrik:

> Die Schlafwege kenn ich bis ins süßeste Gefild.
> Ich will dort nimmer gehen.
>
> (17)

Doch schon in *Vision* schwimmen versunkene Schiffe „unhörbar durch die Nacht" (18), eine Nacht, die nicht länger als Ausdruck einer subjektiven Erfahrung gedeutet werden kann. Der Übergang vom Ich zum Wir wird im nächsten Gedicht, *Menschenlos*, vollends deutlich:

> Wir, in die Zeit verbannt
> und aus dem Raum gestoßen,
> wir, Flieger durch die Nacht und Bodenlose.
>
> (19)

Jetzt wird die Nacht zum kollektiven Bild, das sich auf Raum und Zeit bezieht. In *Die Häfen waren geöffnet* erscheint das Motiv der Ausfahrt zum ersten Male. Eine naiv individuelle, sich an der Gesellschaft orientierende Sprache erweist sich als ungenügend. Es erfolgt das Verlassen dieser Sprache, die *Ausfahrt* aus dem *Land*: „vorne war Tag, und hinten blieben die Nächte." (21) Längst ist die Nacht zu einem Zeichen der neuen Sprache geworden. Mit logischer Konsequenz folgt das Gedicht *Die Welt ist weit*, in dem nun nicht mehr allein von einer babylonischen *Nacht* die Rede ist (in der eine Vielfalt der Sprachen vorgeschrieben wird), sondern erstmals auch der

Gegenpol zu solcher Dunkelheit einbezogen wird. Es ist die „Schale aus Gold" (23), das göttliche Licht, das dem Gedicht seine Richtung verleiht. Und wieder sind Raum und Zeit unentbehrliche Bezugspunkte der Polarität von Licht und Dunkelheit.

> Hinter der Welt wird ein Baum stehen,
> eine Frucht in den Wipfeln,
> mit einer Schale aus Gold.
> Laß uns hinübersehen,
> wenn sie im Herbst der Zeit
> in Gottes Hände rollt!
> (ebd.)

Das Licht wird als eine Zeit der Reife und als Reife der Zeit, das heißt: als Aufhebung der Geschichte gezeichnet. Es ist das erfüllte Sein in gestundeter Zeit. Das folgende Gedicht *Noch fürcht ich* spricht von „dem goldnen Gefälle des Sonnenflusses der Zeit". (24) Geschichtliche Zeit wird also keineswegs ausgeklammert, sie ist der „Sonnenfluß". Sie fließt in das goldene, „gelichtete Sein." Bachmanns *Licht*-Konzept leitet sich aus Heideggers Ausführungen über „Die Zeitlichkeit des In-der-Welt-seins und das Problem der Transzendenz der Welt" (§ 69, *Sein und Zeit*) ab. Dort heißt es u.a.:

> Das Seiende, das den Titel Da-sein trägt, ist „gelichtet". Das Licht, das diese Gelichtetheit des Daseins konstituiert, ist keine ontisch vorhandene Kraft und Quelle einer ausstrahlenden, an diesem Seienden zuweilen vorkommenden Helligkeit. Was dieses Seiende wesenhaft lichtet, das heißt es für es selbst sowohl „offen" als auch „hell" macht, wurde vor aller „zeitlichen" Interpretation als Sorge bestimmt. In ihr gründet die volle Erschlossenheit des Da. Diese Gelichtetheit ermöglicht erst alle Erleuchtung und Erhellung, jedes Vernehmen, „Sehen" und Haben von etwas. Das Licht dieser Gelichtetheit verstehen wir nur, wenn wir nicht nach einer eingepflanzten, vorhandenen Kraft suchen, sondern die ganze Seinsverfassung des Daseins, die Sorge, nach dem einheitlichen Grunde ihrer existenzialen Möglichkeit befragen. *Die ekstatische Zeitlichkeit lichtet das Da ursprünglich.*
> (a.a.O., 350-351, Hervorhebung M.H.)

Heidegger selbst will diese Ausführungen auf einen vorangegangenen Abschnitt bezogen wissen. In § 28 erklärt er:

> Die ontisch bildliche Rede vom lumen naturale im Menschen meint nichts anderes als die existenzial-ontologische Struktur dieses Seienden, daß es *ist* in der Weise, sein Da zu sein. Es ist „erleuchtet", besagt: an ihm selbst *als* In-der-Welt-sein gelichtet, nicht durch ein anderes Seiendes, sondern so, daß es selbst die Lichtung *ist*. Nur einem existenzial so gelichteten Seienden wird Vorhandenes im Licht zugänglich, im Dunkel verborgen.
> (a.a.O., 133, Hervorhebung M.H.)

Es ist nicht leicht, die zuweilen recht gekünstelte Besonderheit der philosophischen Sprache Martin Heideggers in einer verständlicheren Sprache zusammenzufassen. Wir werden gut daran tun, seine Spitzfindigkeiten nicht bis in alle Einzelheiten zu verfolgen. Für unsere Zwecke genügt es, den Begriff eines erhellten Daseins näher in Betracht zu ziehen. Heidegger spricht von einer „ekstatischen Zeitlichkeit", in der sich das Da, der Ort des Seins, „lichtet." Ingeborg Bachmanns doppelsinniges Bild der „gestundeten Zeit" orientiert sich ebenfalls an „dem ersten Licht" (29); die „Ausfahrt" aus der „Nacht" (ebd.) bewegt sich „auf das immerwiederkehrende Sonnenufer zu." (ebd.) Ein weiteres Beispiel einer „ekstatischen Zeitlichkeit" bietet sich im Gedicht *Paris*. Auch dort geht es um eine Gegenüberstellung der „Nacht" mit dem „Licht." Die Variation der ersten und letzten Strophe ist mehr als sprachliche Virtuosität:

> Aufs Rad der Nacht geflochten
> schlafen die Verlorenen
> in den donnernden Gängen unten,
> doch wo wir sind, ist Licht.
>
> ....
>
> Auf den Wagen des Lichts gehoben,
> wachend auch, sind wir verloren,
> auf den Straßen der Genien oben,
> doch wo wir nicht sind, ist Nacht.
>
> (33)

Die Vermutung, daß es sich um ein Liebesgedicht handelt, kann nicht darüber hinwegtäuschen, daß es zugleich (und wohl in erster Linie) jenes Heidegger-Diktum dichterisch zu gestalten sucht, demzufolge ein erfülltes Sein „selbst die Lichtung *ist*." (133) Das helle Sein wird durch die Tautologie der dunklen Sprache in Frage gestellt. Die vierte Strophe kennt schon die sinnlose Schönheit der Sprache — und damit der eigenen Dichtung:

> Was wird sein, wenn wir, vom Heimweh
> benommen bis ans fliehende Haar,
> hier bleiben und fragen: was wird sein,
> wenn wir die Schönheit bestehen?
>
> (ebd.)

„Was wird sein, wenn wir...hier bleiben und fragen: was wird sein...?": die Sprache wiederholt sich selbst, ihre Schönheit liegt in ihrer Tautologie. Man sollte das berühmte, immer wieder falsch gedeutete Gedicht *Dunkles zu sagen* von hier aus interpretieren. Wenn die Dichterin gesteht: „Wie Orpheus...weiß ich nur Dunkles zu sagen" (32), so ist die Selbstkritik doch eigentlich recht deutlich. Sie klagt, daß ihre eigene Sprache über keine „Gelichtetheit" verfügt; es gibt in dieser Lyrik keine „volle Erschlossenheit des Da", sondern nur das „Heimweh" nach einem anderen Ort.

Die „Ausfahrt" in das „Licht" ist auch das zentrale Motiv des Gedichts *Die große Fracht*. Die „große Fracht des Sommers" ist „das Sonnenschiff im Hafen." (34) Zeit bedeutet immer Abschied. Auch sie bedarf ihrer eigenen „Ausfahrt." Wie die Sprache wiederholt sie sich ständig. Bachmann verwendet ganz bewußt refrainhafte Wiederholungen in ihren Gedichten, am deutlichsten in *Die große Fracht*, *Herbstmanöver* und *Die gestundete Zeit*.

> Die auf Widerruf gestundete Zeit
> wird sichtbar am Horizont.
>
> (37)

Bachmanns Dichtung ist als Versuch einer Ausfahrt aus der Zeit und aus der Sprache zu verstehen, hin zu einem (im Heideggerschen Sinne) „gelichteten Sein." Sie gestaltet immer wieder das Bewußtsein einer „ekstatischen Zeitlichkeit." *Sterne im März* zeichnet erneut die Daseinserfüllung im Licht, das Nebeneinander von Sprache, Denken und Sein:

> In die Formel unfruchtbarer Gedanken
> fügt sich das Universum nach dem Beispiel

>   des Lichts, das nicht an den Schnee rührt.
>
> (38)

Eine Gedankensprache vermag das Sein nicht zu „lichten", doch endet das Gedicht mit einer geheimen Frohlockung. Das Licht wird auch unsere Existenz zu ihrer Verwirklichung führen, die über „das Dunkel" (ebd.) tödlich „unfruchtbarer Gedanken" (ebd.) reicht: „gefügig dem Regen und zuletzt auch dem Licht." (ebd.) Das „Licht" bleibt in Bachmanns Lyrik ein Bild des Wachstums in das ursprüngliche Sein. Das Sommer-Gedicht *Thema und Variation* bedient sich des Kennworts, um Glück und Leid zu bestimmen.

>   Die ganze Süße trug ein Strahl des Lichts
>   in einen Schlaf. Wer schlief ihn vor der Zeit?
>
> (42)

Das Licht ist also seinerseits auch eine vermittelnde Kraft, die das Glück eines zeitlosen Traums in Erfüllung zu bringen verspricht. Die Gegenseite eines solchen Seins jenseits der Zeit und Sprache zeichnet das Gedicht in folgender Variation:

>   Einer, der alt geboren wurde
>   und früh ins Dunkel muß.
>   Die ganze Süße trug ein Strahl des Lichts
>   an ihm vorbei.
>
> (ebd.)

Auch in den anderen Gedichten bleibt das Licht die Chiffre der Erlösung in ein anderes Sein. Was Bachmann von Heidegger übernommen hat, ließe sich mit der Goetheschen Maxime (aus der *Farbenlehre*) umschreiben:

>   Wär' nicht das Auge sonnenhaft,
>   Wie könnten wir das Licht erblicken?
>   Lebt' nicht in uns des Gottes eigne Kraft,
>   Wie könnt' uns Göttliches entzücken?

Das „andere Sein", von dem die Rede war, meint ein unmittelbares Erkennen und Begreifen, eine sprachüberwundene „existenziale" Ausdrucksmöglichkeit. Es ist die Gleichartigkeit des „Unaussprechlichen" und des Bewußtseins, des „Mystischen" und des Erkannten, des „Sichzeigen" und des Verstehen. Bachmann hält an ihrem widersprüchlichen Doppelbezug zu den Philosophen Heidegger und Wittgenstein fest. Einerseits läßt sie der Wunschtraum einer spontanen Seinssprache resignierend bestimmen: „Nur die Hoffnung kauert erblindet im Licht." (*Früher Mittag*, 45) Andrerseits verdichtet sie ihre „heimatliche" Sprache in der Absicht, dem Wort eine tiefere Bedeutung und eine selbstentworfene Wirklichkeit einzuverleiben: „Innen ist deine Hüfte ein Landungssteg/für meine Schiffe, die heimkommen/von zu großen Fahrten." (*Lieder auf der Flucht*, 142) Während bei Heidegger von einer Überwindung der Sprache nicht die Rede sein kann, sucht Wittgenstein die Selbstaufhebung des Gesagten. Ingeborg Bachmann sucht die Unmittelbarkeit des Ausdrucks zuweilen *in* der Sprache, so wie Heidegger einer eigenwillig manipulierten Sprache vertraut. Häufig begreift sie ihre Dichtung jedoch als eine zeichenhafte Hilfskonstruktion, im Einklang mit Wittgensteins abschließender Darlegung:

>   Meine Sätze erläutern dadurch, daß sie der, welcher mich versteht, am Ende als
>   unsinnig erkennt, wenn er durch sie — auf ihnen — über sie hinausgestiegen ist.
>   (Er muß sozusagen die Leiter wegwerfen, nachdem er auf ihr hinaufgestiegen
>   ist.) Er muß diese Sätze überwinden, dann sieht er die Welt richtig.
>
> (*Tractatus logico-philosophicus*, § 6.54)

Es ist die Frage nach der Worterfüllung und der Verwirklichung des Seins. Als Dichterin sucht Bachmann ein kausales Bezugsverhältnis zwischen ihnen herzustellen. Ihre *Licht*-Metapher ist immer sprachlicher Bewußtseinsausdruck, doch verwendet sie das Bild nur gelegentlich im spezifisch Heideggerschen Sinne. Es ist, als umschriebe sie Wesen und Funktion dieses Grenzworts in ihrer Dichtung, wenn sie in *Salz und Brot* erklärt:

> Von den großen Gewittern des Lichts
> hat keines die Leben erreicht.
>
> (57)

Die Grenzen des dichterischen Sprachbilds bleiben der Bachmann allgegenwärtig. Das Bewußtsein einer Versprachlichung der Welt, einer Tautologie sprachlicher Selbstgestaltung hat sie schließlich im Jahre 1963 zu einer endgültigen Abkehr von der eigenen Lyrik geführt (vgl. *Keine Delikatessen*, 172-173). Bereits ihr Fürst Myschkin verkündet in der Ballettpantomime *Der Idiot*:

> Mit einem geliehenen Wort bin ich,
> und nicht mit dem Feuer, gekommen...
>
> (77)

Dieses *geliehene Wort* teilt das Sein mit der *gestundeten Zeit*. In der existenzialen Verbindung von Sein und Zeit bleibt Bachmann der Philosophie Heideggers grundsätzlich verpflichtet. Für ihn kann das Problem des *Seins* allein durch das *Seiende*, das heißt: durch die tatsächlich existierenden Dinge, die in geschichtlicher und zeitlicher Wirklichkeit sind, gedeutet werden. Nur so läßt sich der korrelative Bezug von Sein und Zeit in Heideggers Philosophie erklären. Ontologisches bedarf einer Verifizierung durch die Existenz, die wiederum erweist sich vom Wesen der Zeit abhängig. Das Ziel der Heideggerschen Philosophie deckt sich, zumindest vorübergehend, mit der „neuen Sprache" Bachmannscher Dichtung: es ist „das Hinausfragen über das Seiende" (Heidegger, „Was ist Metaphysik", in: *Wegmarken*, 1967, 15). Was philosophisch als Metaphysik definiert wird, kann in der Dichtung allenfalls als Zeichen angedeutet werden. Darin nähert sich Bachmanns lyrische Sprache wieder Wittgensteins Erkenntnis: „Es gibt allerdings Unaussprechliches. Dies *zeigt* sich, es ist das Mystische." (§ 6.522) Das dichterische Sprachbild kann selbst nicht zeigen, wohl aber in seiner begrenzten Ausdrucksmöglichkeit die „Einbruchstellen" des Sichzeigens markieren. Dabei ist es sicherlich auch im Sinne Bachmanns, daß diese Sprache als übertragbares Muster auf das Wesen der Existenz, auf die menschliche Erfahrung bezogen wird. Damit erfüllt das Wort die Funktion eines Zeichens. Entsprechendes gilt in Anwendung auf den Menschen. Bachmanns dichterische Sprache bekräftigt, was Hölderlin im Entwurf zur Hymne *Mnemosyne* auszudrücken suchte:

> Ein Zeichen sind wir, deutungslos,
> Schmerzlos sind wir und haben fast
> Die Sprache in der Fremde verloren.

Das im Titel angesprochene *Gedächtnis* ist durchaus mit der Bachmannschen *Erinnerung* zu vergleichen, so wie die in der Fremde verlorene Sprache ihr Sprachkonzept der *Heimat* und das Motiv der *Ausfahrt* aus dem *Land* des Ursprungs, aus der übernommenen Sprache widerspiegelt. In *Früher Mittag* sucht die Dichterin die Ahnung einer anderen Sprache im zeichenhaften Andeuten des eigenen geliehenen Worts mitzuteilen:

> Das Unsägliche geht, leise gesagt, übers Land:
> schon ist Mittag.
>
> (45)

Erwartungsgemäß spielt das Konzept der Zeit in der ersten Gedichtsammlung *Die gestundete Zeit* (1953) eine thematisch prominente Rolle. Darauf verweisen bereits die Titel so mancher ihrer Gedichte: *Abschied von England, Herbstmanöver, Die gestundete Zeit, Früher Mittag, Alle Tage*. Deutlich wendet sich Bachmann gegen einen Zeitbegriff, den ihre eigene und die Generation ihrer Eltern als „Geschichte" zu verwirklichen trachteten. Sie bemüht sich um eine Existenz, die über den Bereich einer nurmehr historischen Authentizität hinausreicht. Man wird die Bachmannsche Lyrik kaum eines unhistorischen Ästhetizismus bezichtigen dürfen; dazu sind die Zeichen ihrer Zeitgenossenschaft allzu deutlich (bis hin zu Reklame-Slogans) vertreten. Wohl aber sucht ihre Dichtung über die Geschichte hinaus eine existenzial gültige Wirklichkeit zu gestalten. Nur in diesem Sinn wird man bei ihr von einer Überwindung des Geschichtlichen sprechen können. Dabei wird das Historische keineswegs ausgeklammert; wie bei Heidegger geht der Weg zum *Sein* über das *Seiende*. Sie wendet sich allein gegen einen tödlichen Historismus und gegen die Ideologie einer Verabsolutierung der Geschichte. Das ist die *Botschaft* ihres gleichnamigen Gedichts aus dem Jahre 1953:

> Aus der leichenwarmen Vorhalle des Himmels tritt die Sonne.
> Es sind dort nicht die Unsterblichen,
> sondern die Gefallenen, vernehmen wir.
>
> Und Glanz kehrt sich nicht an Verwesung. Unsere Gottheit,
> die Geschichte, hat uns ein Grab bestellt,
> aus dem es keine Auferstehung gibt.
> (49)

Was in der (Heideggerschen) Philosophie als „Metaphysik" des Seins betrachtet wird, sucht die (Bachmannsche) Dichtung in zeichenhafter Grenzziehung zwischen Seiendem und Sein sprachlich zu gestalten. Bachmanns Lyrik ist ein Prozeß der Sichtbarmachung des Seins. Ihre Sprache weiß sich selbst im entscheidenden Augenblick auszuklammern. Sie verwirklicht nicht das eigene Wesen, sondern gibt sich einer anderen Ausdrucksmöglichkeit hin. Wie die Geschichte weist sie über sich hinaus. Wie die gestundete Zeit bestimmt sie auf Widerruf. Wie die Frau fürchtet und verachtet sie die Vergewaltigung.

Wie die Frau: tatsächlich vergleicht Bachmann immer wieder die Rollenexistenz der Sprache und der Frau. In ihrer Lyrik wie in ihren Prosawerken identifiziert sie sich so sehr als sprachliches Wesen, daß die individuellen Umrisse der Dichterin als personifiziertes Sprachgewissen in Erscheinung treten. Sie betet um ihre Hingabe an ein liebendes Wort.

> In die Mulde meiner Stummheit
> leg ein Wort
> und zieh Wälder groß zu beiden Seiten,
> daß mein Mund
> ganz im Schatten liegt.
> (*Psalm*, 55)

In der Erzählung *Undine geht*, dieser mythologisierenden Selbstdarstellung, sondert sich Ingeborg Bachmann von einer Sprache der Männer ab. Sie verhöhnt eine Ausdrucksweise, die sie anderenorts (*Das dreißigste Jahr*) „Gaunersprache" nennt und derer, ihr zufolge, vor allem der Mann fähig ist: „Ihr Ungeheuer mit euren Redensarten, die ihr die Redensarten der Frauen sucht, damit euch nichts fehlt, damit die Welt rund ist." (255) Sie praktiziert eine höchst widersprüchliche Sprachverweigerung. Nicht nur ihre fiktionale Schmähschrift bietet ja eine „andere

Sprache". Die Abrechnung der Frau geht auch sonst nicht so recht auf. Einerseits kann sie erklären: „Warum sollt ich's nicht aussprechen, euch verächtlich machen, ehe ich gehe...Denn ich habe euch noch einmal wiedergesehen, in einer Sprache reden gehört, die ihr mit mir nicht reden sollt." (260) Andrerseits muß sie gegen Ende dieser Abrechnung zugeben, daß es auch eine andere Sprache der Männer gibt und immer schon gegeben hat: „Es war recht, so zu sprechen und so viel zu bedenken." (262) Schon vorher qualifiziert sie ihre Streitrede gegen den Mann: „Gut war trotzdem euer Reden...". (261) Es ist also speziell die Sprache des geschlechtlichen Umgangs, die Bachmann hier als Märchenfrau von sich weist. Sie will eine Liebessprache, von der sie zu wissen glaubt, daß auch Männer sie beherrschen können. Gegen Ende der Erzählung (sechsletzter Abschnitt) wird diese Sprache der Liebe ausdrücklich verherrlicht. Die Frau bezeugt hier die magische Wirkung einer solchen Aussage. Dieser Liebessprache allein bleibt Bachmanns Undine hörig. (Wie Thomas Bernhard und Paul Celan verwendet Ingeborg Bachmann das Variationsbild *Licht/Lichtung* als Zeichen der Gewalt *und* der Erkenntnis: „Die Welt ist schon finster," bemerkt Undine, „und ich kann die Muschelkette nicht anlegen. Keine Lichtung wird sein." (262) Das Treffen mit dem Mann findet ausnahmslos „in der Lichtung" (258, 253) statt; ein gewaltsames Wissen wird zwischen den Geschlechtern ausgetauscht.) Es gibt für die Bachmann nur eine Sprache der Liebe oder eine Sprache der Vergewaltigung.

Ein Vergleich der beiden Gedichte *Erklär mir, Liebe* (1956) und *Geh, Gedanke* (1957) soll helfen, die Problematik dieser Alternative näher zu beleuchten. Es gilt, die Trauer der scheinbaren Ausgeschlossenheit von einer natürlichen Sprache der Liebe mit der ebenso scheinbaren Vergewaltigung der Gedanken durch die Sprache in Einklang zu bringen. Die bewegenden Zeilen des ersten Gedichts sind seit langem berühmt geworden:

> Erklär mir, Liebe, was ich nicht erklären kann:
> sollt ich die kurze schauerliche Zeit
> nur mit Gedanken Umgang haben und allein
> nichts Liebes kennen und nichts Liebes tun?
> Muß einer denken? Wird er nicht vermißt?
>
> (110)

Dieser Appell folgt einer dreistrophigen Aufzählung natürlicher Liebesbekundungen. Nicht nur die Flora und Fauna, auch das Gestein und das elementare Wasser „weiß zu reden." (ebd.) Die Dichterin fühlt sich von einer solchen natürlichen Liebessprache ausgeschlossen, wobei es speziell ihre Intellektualität ist, die sie zum Außenseiter werden läßt. Die Natursprache der Liebe wird Ausdruck eines „andren Geistes" (vgl. viertletzte Zeile des Gedichts, die übrigens Bachmann zufolge getrennt, d.h. nicht als Teil des letzten Verses erscheinen sollte, 650); in ihr äußert sich nicht das geistige Bewußtsein, das der menschlichen Liebessprache wesensgemäß eigen ist. Dennoch ist der Mensch zuweilen fähig, sich der Natur liebevoll einzuverleiben, wieder Teil eines natürlichen Ausdrucks zu werden. Bachmann zufolge geschieht das vor allem in der Liebe. Sie neidet ihrem Geliebten diese Teilhaftigkeit. Die Anreden der ersten Strophe richten sich, dem Titel des Gedichts gemäß, an die Liebe. Refrainartig kehren die Bittzeilen wieder: „Erklär mir, Liebe!" So ist es um so bezeichnender, daß keineswegs klar nachgewiesen werden kann, ob es sich tatsächlich um die Anrede an einen Geliebten oder um einen Eigendialog, um ein verzweifeltes Selbstgespräch handelt. Selbst eine Deutung, die in dem angesprochenen Du nichts anderes als eine allegorische Personifizierung der Liebe erkennen will, wird dem Reflexionscharakter, der intellektuellen Vereinsamung, die sich in solchem Gedicht ausdrückt, Rechnung tragen müssen. Es geht in dieser Auseinandersetzung konkret um die Möglichkeit der Dichterin, sich in einer natürlichen Liebessprache selbstdarstellerisch auszuweisen. Wie immer bei Bachmann wird die Liebe als andere Sprache erfahren. So ließe sich die vierte Zeile bereits als Selbstanrede begreifen: „dein Mund verleibt sich neue Sprachen ein." Natürlich könnte das auch für den Geliebten gelten. Die letzten Zeilen der ersten Strophe machen das indes weniger wahrscheinlich:

> du lachst und weinst und gehst an dir zugrund,
> was soll dir noch geschehen –
> (109)

Das klingt doch eher wie ein lyrischer Monolog. Auch die späte Einzelzeile „Du sagst: es zählt ein andrer Geist auf ihn..." (110) wäre durchaus der intellektuellen Dichterin zuzuschreiben. Eine solche Lesart schließt die allegorische Anrede an die Liebe in das lyrische Selbstgespräch mit ein. *Du* und *ich* sind die gleichen Identitäten eines Eigendialogs, *Liebe* hingegen bleibt ein rein intellektueller Bezugspunkt in diesem Gespräch. Dann wären der zweite, dritte und vierte Vers nichts anderes als der Versuch, die natürliche Liebessprache in der eigenen Dichtung zu verwirklichen. Die Sprache der Dichterin bekundet dabei allezeit jenes geistige Bewußtsein, das den Menschen von der restlichen Natur trennt. Zeilen wie:

> Der Fisch errötet, überholt den Schwarm
> und stürzt durch Grotten ins Korallenbett.
> Zur Silbersandmusik tanzt scheu der Skorpion.
> (109)

zeigen keineswegs ein sprachliches Einssein mit der Natur; im Gegenteil: sie sind im Schillerschen Sinn sentimentalisch. Die Anthropomorphisierung ist verräterisch: der menschlich empfundene Eros bleibt auferlegt, übertragen und erdacht. Der Skorpion *ist* nicht „scheu", eine solche menschliche Empfindung ist ihm fremd; der im „Korallenbett" errötende Fisch ist eine gedankliche Konstruktion, die ans Komische grenzt. Aber gerade diese Unzulänglichkeit der Sprache sucht ja das Gedicht selber zu belegen. Der Wunsch des lyrischen Ichs, mit dem Käfer „den Weg zum fernen Erdbeerstrauch" (ebd.) zu nehmen, scheint wiederum unfreiwillig und doch bewußt komisch. Der Gedanke konstruiert nach wie vor eine Natur, die bereits menschlich rezipiert ist. Die Sprache der Natur läßt sich auch in der Liebe nicht naiv nachvollziehen. Bachmanns Gedicht hat in durchaus selbstkritischer Weise „nur mit Gedanken Umgang." (110) Es endet mit einer Flucht ins Gedankenbild, dem schauer- und schmerzlosen Salamander.

Während *Erklär mir, Liebe* die Unmöglichkeit einer natürlichen Sprache zum Thema hat, untersucht das Gedicht *Geh, Gedanke* die Abhängigkeit von Denken und Sprechen. Wieder kommt es zu refrainartigen Anreden. Liebe und Gedanke sind die zentralen Themen Bachmannscher Lyrik, an ihnen orientiert sich ihr sprachliches Spannungsverhältnis. Aus diesem Grunde sind diese beiden Appellgedichte von ganz besonderer Bedeutung.

> Geh, Gedanke, solang ein zum Flug klares Wort
> dein Flügel ist, dich aufhebt und dorthin geht,
> wo die leichten Metalle sich wiegen,
> wo die Luft schneidend ist
> in einem neuen Verstand,
> wo Waffen sprechen
> von einziger Art.
> Verficht uns dort!
> (157)

Bereits diese erste Strophe problematisiert das Verhältnis zwischen *Gedanke* und *Wort*. Die Flügel des Gedankens sollen „ein zum Flug klares Wort" sein, ein Wort mithin, das selber geflügelt in den Bereich der Dichtung gehört. Es ist die Frage, wie „klar" Bachmanns eigenes Wort in diesem Gedicht ist. Das Wort soll, so heißt es in der zweiten Zeile, den Gedanken „aufheben". Damit ist sicherlich nicht nur sein Aufstieg in geflügelte Zonen gemeint. Das bewußt gewählte doppeldeutige Wort meint ja zugleich Überwindung, Ausgleich oder gar Verlust. Bachmann bedient sich mindestens noch zweimal einer entsprechenden Sprachambiguität. Damit wird die Vieldeutigkeit der Sprache zur charakteristischen Ausdrucksform dieses Gedichts. Nach einem expliziten Bezug auf die heilige Schrift der Religion („Der Glaube hat nur einen Berg versetzt") lautet die drittletzte Zeile: „Laß stehn, was steht, geh, Gedanke!" (ebd.) Die Sprache des Glaubens wird zurückgelassen, der ungläubige Verfasser von Gedanken sucht sich einen neuen Ausdruck, der einen „neuen Verstand" (ebd.) zu bezeugen vermag. Im umgekehrten Sinne des lutherischen „Das Wort sie sollen lassen stahn" wird die Sprache auch der „heiligen Schrift" intellektuell überflügelt. Die letzten Zeilen des Gedichts veranschaulichen die Bachmannsche Ambiguität der Sprache gegenüber:

> von nichts andrem als unsrem Schmerz durchdrungen.
> Entsprich uns ganz!
> (ebd.)

Wie vordem das Wort *aufheben* wird hier das Verb *entsprechen* in doppelsinniger (damit aber auch widersprüchlicher) Bedeutung verwendet. Der schmerzdurchdrungene Gedanke, der sich über alle Glaubenssätze hinaus zu äußern weiß, soll einerseits als Analogie der menschlichen Existenz verstanden werden. Ein leidendes Denken bezeugt den Menschen. Zugleich aber ist die Überwindung einer nurmehr wörtlichen Sprache der Beleg für eine authentische Existenz. Das Verstummen der Dichterin, das sich schließlich um 1963 einstellt, ist von jeher eine wesensimmanente Gefährdung ihrer (nicht nur lyrischen) Sprache gewesen. Für die Sprachkünstlerin bedeutet das Entsprechen des Gedichts *Geh, Gedanke* nicht zuletzt auch ein (von ihr durchaus religiös empfundenes) Entsagen. Die eigentliche Gestaltung einer unmittelbaren Seinssprache, wie sie nach dem Entsprechen, nach der Aufhebung der unklaren und widersprüchlichen, unzuverlässigen und vergewaltigenden Lexikalsprache eintreten sollte, ist Ingeborg Bachmann nur gelegentlich in einzelnen Zeilen gelungen. Ihre Lyrik hat etwas entschieden Prophetisches an sich: die Sprache verkündet, was sie selber noch nicht ist. Religiös ließe sich fast von einer Spracherlösung sprechen. In *Literatur als Utopie*, der letzten ihrer *Frankfurter Vorlesungen*, spricht Bachmann bezeichnenderweise von einer „Nachahmung eben dieser von uns erahnten Sprache, die wir nicht ganz in unseren Besitz bringen können" (270-271) und fährt fort:

> Wir besitzen sie als Fragment in der Dichtung, konkretisiert in einer Zeile oder einer Szene, und begreifen uns aufatmend darin als zur Sprache gekommen.
> (271)

In „einer Zeile" hat auch die Bachmannsche Lyrik die neue, erahnte Sprache verwirklichen können, ja sie dürfte in ihren großen Gedichten mehr als das erreicht haben. Doch fragmentarisch ist „die Sprache, die noch nie regiert hat, die aber unsere Ahnung regiert und die wir nachahmen" (270), auch in dieser Dichtung geblieben. Niemand wußte das besser als Ingeborg Bachmann selbst. Für sie bedeutet *Utopia* vor allem eine einschlagbare Richtung. In solchem Sinne wird man ihre Gedichte denn auch utopisch nennen dürfen. Es ist ein Prozeß der Ausklammerung oder (wie wir es vordem genannt haben) der Markierung, den ihre Sprache leistet. Mit dem Verschweigen, das einer Verweigerung der vergewaltigenden Aussage gleichkommt, hat Bachmann schließlich unleugbar die logische Konsequenz aus einer widersprüchlichen Selbstaufhebung der Sprache gezogen.

Der Gedanke braucht eine andere Sprache; die Sprache der Dichtung und der Liebe bleibt von der Selbstgestaltung der Natur ausgeschlossen. Das sind die Hauptthesen der beiden Gedichte *Geh, Gedanke* und *Erklär mir, Liebe*. Die Dichterin leidet an der Entfremdung von der Natur, am Widerspruch zur „gestundeten Zeit", am Konflikt ihres Daseins zwischen sprachaufhebendem Bewußtsein und geschichtlichem Sein. Dabei ist deutlich geworden, daß ihr Denken in anderer Sprache nichts anderes als den dichterischen Ausdruck meint. Infolgedessen leidet die Dichterin Ingeborg Bachmann vor allem darunter, daß ihre Dichtung nicht Teil einer natürlichen Sprache sein kann. Der „andre Geist" (110) ihres Wortes trennt sie von der Natur, auch da, wo sich die lyrische Aussage um eine Einverleibung der Natur bemüht. Das „klare Wort" (157) hebt nicht nur den Gedanken, sondern im negativen Sinne auch die Natur auf. Bachmanns Lyrik demonstriert die Selbstaufhebung der Sprache in der Natur. Die Rückkehr zu einer spontan natürlichen Ausdrucksform kann nicht gelingen.

Die Sprache der Liebe und die Sprache der Gewalt: Ingeborg Bachmann leitet aus dieser Gegenüberstellung ihre eigene Identität als weibliche Sprachkünstlerin ab. Sie sieht sich als personifizierte Sprache, genauer: die Sprache wird ihr zum Eros eines geistigen Selbstbezugs. Aus diesem Grunde bleiben ihre Liebesgedichte von ganz besonderer Bedeutung. Wo die Liebe ist, besteht für Bachmann immer auch die Gefahr einer Vergewaltigung. Die Liebe, die sie selber mit ihrer Sprache auszudrücken sucht, erweist sich stets aufs neue einer gewaltsamen Aneignung fähig. Im Wesen der Sprache selbst liegt die Gefahr solchen Zwanges, so wie in der Liebe die Gewalt der wesensimmanent untrennbare Bestandteil eines geteilten Eros bleibt. Das sind die ständigen Bezugspunkte, an denen sich Bachmann als Dichterin und Frau ausweist. Für sie ist dieser Konflikt das Zeugnis einer Schuld, eine Erbsünde, der sie nicht zu entgehen vermag. Bachmanns Identifizierung mit der Sprache ist nicht zuletzt auch eine Reflexion ihres protestantischen Christentums, wie überhaupt ihr Glaube an „das Wort" und an eine „Heilige Schrift". Im Katechismus der evangelisch-protestantischen Kirche, der Bachmann zumindest als Kind und Jugendliche angehört hat, heißt es unter anderem: „Wir lernen Gott kennen durch seine Offenbarung in der Natur, in der Geschichte der Menschen und in unserm Innern; ganz besonders aber in der Heiligen Schrift" (II. Teil, 1. Artikel, Frage 33), und: „Ich glaube, daß Gott durch sein allmächtiges Wort Himmel und Erde erschaffen und auch mir mein Leben gegeben hat." (Frage 34) Aus solchem Gottesverständnis ergibt sich das Konzept einer Teilhaftigkeit an der schöpferischen Sprache von selbst. Bachmanns christprotestantisches Sprachverständnis ist bislang viel zu wenig beachtet worden. Die Verbindung von Liebe und Gewalt ist nicht nur Sünde, sie versündigt sich ihrerseits an der göttlichen Sprache. Die Sprache selbst wird zu einem Indiz der Vergewaltigung. Nur so läßt sich die Erzählung *Undine geht* richtig verstehen. Das geliebte, allmächtige Wort ist ihr als Gewalt des Mannes begegnet. Ihre Liebe zum Mann gerät mit der Gewalttätigkeit seiner Sprache in Konflikt. Die Sprache ist nicht länger erotischer Ausdruck eines geistigen Selbstbezugs. Sie äußert sich als Eros der Geschlechter. An die Stelle einer homoerotischen Eigenreflexion oder eines gleichgeschlechtlichen Bezugsverhältnisses (wie es die Erzählung *Ein Schritt nach Gomorrha* gestaltet) tritt die Spannung zwischen der „Sprache der Männer" und der „Sprache der Frauen." (208). (Wir haben bereits darauf aufmerksam gemacht, daß die wiederholten Sätze

„Ihr Reich würde kommen" und „Aber wenn ihr Reich kam, dann konnte diese Sprache nicht mehr gelten, dann richtete diese Sprache sich selbst" (ebd.) ein deutlich religiöses Sprachkonzept implizieren.) Die Liebe erweist sich so als ein Sprachkonflikt.

Eines der bekanntesten Liebesgedichte Ingeborg Bachmanns ist *Nebelland* aus ihrem wohl besten Band *Anrufung des großen Bären*. Es belegt in geradezu musterhafter Weise die charakteristischen Eigenschaften Bachmannscher Lyrik. Bereits der Titel dürfte durch unsere vorangegangene Deutung des *Landes* als heimatliches Grenzgebiet der Sprache etwas verständlicher geworden sein. Die letzten Zeilen, die sich wiederholt auf das Titelzeichen *Nebelland* beziehen, suchen die Vieldeutigkeit und Fragwürdigkeit sowohl der Sprache als auch der Liebe zu bezeugen. Das 1954 entstandene Gedicht bemüht sich in charakteristischer Weise um eine Einverleibung der Liebessprache in die Natur. Wie in *Erklär mir, Liebe* wird ein sprachlicher Eros auf die Natur übertragen.

> Im Winter ist meine Geliebte
> ein Baum unter Bäumen und lädt
> die glückverlassenen Krähen
> ein in ihr schönes Geäst. Sie weiß,
> daß der Wind, wenn es dämmert,
> ihr starres, mit Reif besetztes
> Abendkleid hebt und mich heimjagt.
>
> (105)

Nicht nur diese zweite Strophe will eine natürliche Sprache gestalten, die einem schon intellektualisierten Eros Ausdruck verleihen soll. Es wird eine Aussage der Natur vorgetäuscht, wo sich ein sentimentalisches Sprachbewußtsein ihrer als zeichenhafte Hilfsdarstellung bedient. Sowohl die künstlerisch entworfene Natursprache als auch die gleichermaßen projizierte Sprache der Gesellschaft wird zum Ausdruck der Gewalt. Dabei gilt die kannibalistisch gezeichnete sexuelle Liebe (4. Strophe) als eine natürliche Sprache, in der die Gewalt noch keine sündhaften Eigenschaften besitzt. Wo die Geliebte solcher Natur den Rücken kehrt, ist sie „treulos". (106) Im vorletzten Vers wird die Unnatürlichkeit dieser Existenz mit entsprechend deutlicher Künstlichkeit dargestellt:

> Treulos ist meine Geliebte,
> ich weiß, sie schwebt manchmal
> auf hohen Schuh'n nach der Stadt,
> sie küßt in den Bars mit dem Strohhalm
> die Gläser tief auf den Mund,
> und es kommen ihr Worte für alle.
> Doch diese Sprache verstehe ich nicht.
>
> (ebd.)

Bachmann entwirft hier sprachbildlich den Begriff einer Prostitution der Sprache. Die „Worte für alle" sind durchaus mit der „Gaunersprache" der Erzählung *Das dreißigste Jahr* vergleichbar. Die Gewalt dieser Gesellschaftssprache liegt für die Dichterin in ihrer Unverbindlichkeit. Dagegen ist das Gewaltsame der Liebessprache natürlich. Es gilt also, zwischen einer natürlichen Gewaltsamkeit der Sprache und ihrer Vergewaltigung durch sinnentleerte Verallgemeinerungen zu unterscheiden. In ihrer Erzählung definiert Bachmann die Gaunersprache als „aalglatt, meinungslos Meinungen vertretend." (120) Genau das sind die „Worte für alle", von denen das Gedicht *Nebelland* spricht. Es ist möglich, daß seine Verse als die traumhafte Erinnerung an eine natürliche Sprache aufgefaßt werden sollen. Die dritte und vierte Zeile der ersten Strophe lassen eine solche Deutung zumindest erwägenswert erscheinen:

> Daß ich vor Morgen zurückmuß,
> weiß die Füchsin und lacht.
> (105)

Wie dem auch sei, etwas Geister- und Märchenhaftes ist dem gesamten Gedicht eigen. Der Traum setzt sich aus einer erotischen Verbildlichung der Sprache zusammen. Das Gedicht *Nebelland* kann durchaus als Traumsprache verstanden werden. Wieder gestaltet Ingeborg Bachmann die Liebe als eine Konfrontation zweier Sprachen. Dabei erweist sich sowohl das *Land* als auch das *Herz* als *Nebel*; Undurchsichtigkeit und Ambiguität kennzeichnen die natürliche Sprache der Liebe. Die Naturlandschaft der traumhaften Winterszenen wird in der Zeile „Nebelland hab ich gesehen", die kannibalistische Liebe in der Schlußzeile „Nebelherz hab ich gegessen" (106) zusammengefaßt. Gerade diese Parallelsätze aber, die das Gedicht beenden, lassen alles offen. Ihre eigene Sprache (*Nebelland, Nebelherz*) erläutert nichts; es bleibt bei einer allenfalls zeichenhaften Deutung. Der Konflikt zwischen den zwei Sprachen wird nicht gelöst, ihre jeweilige Gewalt nicht aufgehoben. Das „Nebelland" der Liebe läßt sich sprachlich nicht näher festlegen, ohne vergewaltigt zu werden. Bachmanns Sprache solcher Liebe ist eine naturmythologische Selbstverfremdung, das Märchenvokabular einer denkenden Frau. Die Dichterin sucht ihrer Erfahrung in einer sprachlichen Rollenexistenz Ausdruck zu verleihen. Für Bachmann ist die dichterische Berufung zeitlebens eine Rollenidentität gewesen. Ihrem repräsentativen Auftreten in der Gesellschaft, diesem so demonstrativ gelebten Dichtertum, liegt die Fähigkeit, ja der Zwang zugrunde, die eigene Existenz sprachlich zu verwirklichen.

Die blaue Stunde (1955) verbindet die beiden Liebesgedichte *Nebelland* (1954) und *Erklär mir, Liebe* (1956) nicht nur zeitlich. Wieder drückt sich die Liebe des alten und des jungen Mannes in ihrem besonderen Verhältnis zur Sprache aus. Sowohl die erste Strophe (des alten Mannes) als auch die zweite (des jungen Mannes) verweist zunächst auf eine naturmythologische Sprache. Es soll der „Wahrspruch verschworner Linden" (107), „der Lindenspruch dunkel und wahr" (ebd.) verstanden werden. Für den alten Mann genügt es, wenn das Mädchen in natürlicher Betrachtung versteht. Der jüngere Liebhaber hingegen will, daß es sich den „Lindenspruch" einverleibt:

> sag ihn her mit Blüten und öffne dein Haar
> und den Puls der Nacht, die verströmen will.
> (ebd.)

Erneut zeichnet Bachmann die Liebe als Natursprache. Der Abend, der in der ersten Strophe als offene Wunde dargestellt wird („wenn du nur den offenen Abend stillst", ebd.), soll in der geschlechtlichen Erfüllung der Liebe als „Puls der Nacht...verströmen." (ebd.) In der ersten und zweiten Strophe stehen sich Betrachtung und Verwirklichung gegenüber. Das aber ist nicht nur ein Unterschied zwischen dem alten und jungen Liebhaber, es ist zugleich das zentrale Problem sprachlicher Gestaltung. In ihrer Absage an die lyrische Sprache, in dem letzten Gedicht *Keine Delikatessen* weigert sich Bachmann, „die Libido eines Vokals" zu erforschen, das „Aug und Ohr" zu verköstigen (173) oder „eine Metapher...mit einer Mandelblüte" auszustaffieren. (172) Die Verwirklichung der Sprache kann allzuleicht in ästhetische Konsumierbarkeit ausarten. In

Die blaue Stunde jedoch glaubt die Dichterin noch an den Eros der Sprache, an ihre Fähigkeit, Liebe verwirklichend darzustellen. Die tote Betrachtung des alten Mannes kennt nur einen Ausdruck: er erfährt „die Liebe, geschleift von Erinnerung." (107) Der junge Mann jedoch sucht die sinnliche Sprache der Liebe zu teilen. Die Lampen, die für den alten Mann „gedunsen, betreten im Blau" (ebd.) scheinen, bezeugen für ihn eine blaue Stunde der gemeinsamen Verwirklichung:

> Gesellig die Lampen im blauen Licht,
> bis der Raum mit der vagen Stunde bricht,
> unter sanften Bissen dein Mund einkehrt
> bei meinem Mund, bis dich Schmerz belehrt:
> lebendig das Wort, das die Welt gewinnt,
> ausspielt und verliert, und Liebe beginnt.
> (ebd.)

Der Schmerz lehrt die Liebe; die Verwirklichung der Sprache ist zugleich ihre Selbstaufgabe. Am Ende der ersten Strophe steht die Liebe der Erinnerung, am Ende der zweiten Strophe ihr Anfang. Die Natur setzt das Zeichen für die Liebessprache: in der ersten Strophe ist es der „Mondpfiff" (Zeile 11), in der zweiten das „Mondsignal" (Zeile 6). Das Mädchen der dritten und letzten Strophe kennt weder Anfang noch Ende; es gibt sich einer natürlichen Zeichenwelt hin. So steht am Schluß ihres Verses der zeichenhafte „Abendstern." Indes spricht in der Mädchenstrophe überhaupt nur das Bild. Märchen, Sage und Mythologie fließen in einer gewaltigen Verdichtung der Sprache zusammen: diese Sprache erscheint in der rollenhaften Personifizierung des Mädchens, so wie die Dichtung in der Rollenexistenz Ingeborg Bachmanns verwirklicht werden sollte. Vereinfacht ausgedrückt: Bachmann hat sich selbst als gelebte, sinnlich erfahrene und existenzial bezogene Dichtung gesehen. Eben das gab ihrem gesellschaftlichen Auftreten seinen eigentümlichen Glanz, zugleich aber auch ihrer gleichermaßen charakteristischen Selbstverweigerung die tiefere Bedeutung. Dichtung und Gesellschaft blieben auch im Rollendasein Bachmanns in ständigem Konflikt. Der Widerspruch ihrer Lyrik erweist sich schließlich als eine gleichzeitige Über- und Unterschätzung der Sprache. *Die blaue Stunde* endet mit einer kennzeichnenden Sprachmythologisierung, einer religiös-erotischen Überhöhung des Wortes („ich gebe mich in die Hand meines Herrn/und der schickt mir gnädig den Abendstern"). Acht Jahre später kann Bachmann erklären:

> Ich habe ein Einsehn gelernt
> mit den Worten,
> die da sind
> (für die unterste Klasse)
> (*Keine Delikatessen*, 172).

In den Gedichten vor solcher Durchschauung gestaltet sie eine geliehene Sprache. Niemand ist sich des Bedeutungskredits ihres Ausdrucks bewußter gewesen als Ingeborg Bachmann. Ihre Verehrung des Wortes, ihr Respekt vor der Sprache kann nur von hier aus voll nachempfunden werden. Unter Bezug sowohl auf ihr eigenes Leben als auch auf die von ihr geschaffene Dichtung läßt sich das Sprachbewußtsein Bachmanns am deutlichsten und bewegendsten mit einer Zeile aus dem Gedicht *Böhmen liegt am Meer* (1964) belegen:

> Grenzt hier ein Wort an mich, so laß ich's grenzen.
> (167)

Die Liebe ist ihr der Anfang des Endes des Wortes, sie ist die Aufhebung der Sprache. Die

Schlußzeilen der zweiten Strophe, in der *Die blaue Stunde* Wort und Liebe zueinander in Beziehung setzt, sind wohl absichtlich nicht völlig eindeutig. Die schmerzvolle Lehre lautet:

> lebendig das Wort, das die Welt gewinnt,
> ausspielt und verliert, und Liebe beginnt.
> (107)

Es scheint, als sollten sich in dieser Aussage widersprüchliche Sprachkonzepte „aufheben". Läßt das lebendige Wort die Liebe beginnen? Oder gilt das Gegenteil: spricht die Liebe, wo das Wort ausgespielt hat, wo es schweigt und sich selber aufgegeben hat? Am wahrscheinlichsten ist wohl die Lesart: „lebendig das Wort, das die...Liebe beginnt." Diese neue Sprache bedeutet Ingeborg Bachmann eine Dichtung, die sie gerade als Frau zu verwirklichen sucht, in der Literatur und im eigenen Leben. Wie ihr Mädchen bestimmt sie: „ich halte den Kurs, den keiner mehr weiß." (ebd.) Eine *Ausfahrt* also auch hier, ein Aufbrechen in das Sein einer anderen Sprache. Das Wort, das die Liebe beginnt, markiert die Grenze zwischen der alten und der neuen Sprache. Es ist die Losung einer sinnlichen Ausdrucksgestaltung, das Wort für „die Karfunkelfee" an „der goldenen Brücke" (*Das Spiel ist aus*, 83). In *Nachtflug* heißt es einmal: „es streift die Liebe/unsres Herzens vergessene Sprache" (52), und das fünfte Gedicht der Sequenz *Von einem Land, einem Fluß und den Seen* spricht von dem im Mund verwahrten Wort, denn: „es spricht sich schöner aus in beiden Sprachen/und wird, wenn wir verstummen, noch gepaart." (88) Als Dichterin bedarf sie der Sprache, um sie zu überwinden. Sie verwendet das Wort im Doppelsinn, in gepaarter Bedeutung. Die Sprache der Liebe kann im lebendigen Wort gerade in seiner Grenzmarkierung zum Ausdruck kommen. *Die blaue Stunde* ist in diesem Sinne eine Liebeserklärung an die Zeichensprache der Dichtung. Sie ist eine über sich selbst hinausragende Andeutungskunst, eine Ausdrucksgestaltung, die das Wort zu verwirklichen weiß. Wo Benn in seinem Gedicht *Blaue Stunde* den Eros der Sprachlosigkeit in Erscheinung übersetzt, wird nicht nur von einer anderen Aussage Kunde gegeben, sondern das Erlebte setzt sich auch selbst ein Ende; das Wort, das die Liebe beginnt, dient letztlich der Zerstörung einer nur scheinbaren Wirklichkeit. Bachmanns Gedicht teilt mit seiner Vorlage den Untergang der einen Sprache, doch es erschöpft sich nicht im schweigenden Verfall, in der Ästhetisierung des Untergangs. Es läßt eine neue Sprache zumindest ahnen. Bei Bachmann gibt es das zeichenhafte Versprechen einer neuen Wirklichkeit, bei Benn nurmehr die „Kunde" einer ungewissen Erfahrung. Bachmanns Gedicht endet in Zuversicht, Benns stellt alles sich selbst Erlebende in Frage – und damit auch eine sich selbst erlebende Sprache:

> was sich erlebt – wer weiß denn das genau.

Lange Zeit sieht es so aus, als erfüllte Italien alle Voraussetzungen einer geistigen Neugeburt, einer sinnlichen Selbsterkenntnis der Dichterin Ingeborg Bachmann. Sie glaubt sehr genau zu wissen, wie sie sich selbst erlebte:

> Und als ich mich selber trank
> und mein erstgeborenes Land
> die Erdbeben wiegten,
> war ich zum Schauen erwacht.
> (*Das erstgeborene Land*, 120)

Auch solches sinnliche Erwachen erweist sich als Liebe. Die *Lieder auf der Flucht*, die den Band *Anrufung des großen Bären* beschließen, suchen diese Liebe für das „erstgeborene" Land als das

Land der Liebe zu gestalten. Die Sequenz von fünfzehn Gedichten muß als ein Höhepunkt der Bachmannschen Lyrik betrachtet werden. Ihr Thema ist die Unausweichlichkeit der Liebe, die Sinnlosigkeit einer Flucht vor dem *legge d'Amor*, dessen dichterische Bezeugung durch Petrarka der Folge zitathaft vorangestellt wird. Eine aussichtslose Flucht also; das Gesetz der Liebe wird auch die Dichterin heimsuchen.

Das erste Gedicht ist ein impressionistisches Sprachgemälde der winterlichen Landschaft um Neapel. In dem für diese Gegend ungewöhnlichen Schneefall prallen Nord und Süd aufeinander. Bachmanns Land der Herkunft und ihr Land der Ankunft teilen sich eine Gegenwart „im fremden Winterschein." (138) Die Flucht aus der nordischen Heimat ist, so scheint es, nicht gänzlich gelungen; der Schnee holt sie auch im „erstgeborenen Land" Italien ein. Winter, Eis und Schnee sind ihr gleichbedeutend mit Lieblosigkeit, tödlichem Schmerz und Gefangenschaft, Erfahrungen, die sie in den deutschsprachigen Ländern hinter sich zu lassen gehofft hat. Das Eingangsgedicht ist fast ausschließlich Beschreibung, bildliche Sprachmalerei. In der letzten Zeile jedoch verwandelt sich das Bild zum Zeichen: „Die Blutorange rollt" (ebd.) ist nicht *nur* eine Metapher der winterlichen Sonne, sie wird darüber hinaus zu einem Symbol der Verwundung. Leiden und Gewalt scheinen sich dieser südlichen Zuflucht einverleibt haben. „Der Palmzweig bricht im Schnee." (ebd.)

Im zweiten Gedicht werden diese Andeutungen konkretisiert. Der äußerlichen Schneelandschaft entspricht die innerliche Seelenlandschaft der Dichterin. Sie liegt „im Eisverhau voller Wunden." (139) Die Abwandlung des Wortes *Drahtverhau* signalisiert ihre eisige Gefangenschaft. Dennoch hat der Schmerz sie noch nicht geblendet, sie sieht sich als Teil dieses südlichen Winters: „Es hat mir der Schnee/noch nicht die Augen verbunden." (ebd.) Ihre alles überragende Furcht gilt dem tödlichen Schweigen, ihrem Einschneien in eine stumme Anonymität. Die Gefahr der Sprachlosigkeit erfährt sie als Isolation („Ich aber liege allein", ebd.) und Lieblosigkeit („Niemand liebt mich...", ebd.). Mit der Liebe stellt sich die Sprache ein, der geteilte Ausdruck einer gemeinsam erlebten „gestundeten Zeit." Die Dichterin liegt jedoch allein in einem Massengrab („Die Toten, an mich gepreßt,/schweigen in allen Zungen." – ebd.), nicht in den Armen ihres Geliebten, der ihr den Weg aus der Stummheit weisen könnte („Niemand hat...für mich eine Lampe geschwungen!" – ebd.). Das folgende dritte Gedicht scheint zunächst nur die poetische Landschaftsmalerei der Eingangsverse fortzusetzen, doch zeigt sich nun eine recht deutliche Analogie zwischen den isolierten Inseln und der gleichermaßen ausgeschlossenen Dichterin. Sie findet Trost und Ermutigung in diesem Gleichnis:

> Die Sporaden, die Inseln,
> das schöne Stückwerk im Meer,
> umschwommen von kalten Strömen,
> neigen noch Früchte her.
> (ebd.)

Auch sie weiß sich „von kalten Strömen" umschwommen, auch sie hofft „noch Früchte" ihrer Sprachkunst in Erinnerung zu rufen. So liest sich die zweite Strophe wie das Versprechen einer Befreiung aus der stummen Isolation.

> Die weißen Retter, die Schiffe
> – o einsame Segelhand! –
> deuten, eh sie versinken,

> zurück auf das Land.
> (ebd.)

Das Land ist hier nicht nur wie gewohnt die (wiedergefundene) Sprache, sondern darüber hinaus auch die Rückkehr aus der Einsamkeit in die Gesellschaft. Freilich bleibt es einstweilen bei dem Zeichen der „einsamen Segelhand" (die gewiß auch – insbesondere eingedenk des leitmotivischen Bekenntnisses zur „Ausfahrt" – die schreibende Hand der Dichterin mit einschließen soll). So sind in der winterlichen Landschaft richtungweisende Zeichen zu lesen, die Wegweiser geben sich als Teil einer natürlichen Sprache zu erkennen.

Auch im vierten Gedicht wird die winterliche Sprachkulisse beibehalten. Die Landschaftsschilderung verwandelt sich mehr und mehr zu einer bildlichen Handlung. Der Einzug des Winters gleicht einer militärischen Eroberung, einer kriegerischen Invasion. Die Dichterin ist das Opfer einer solchen Vergewaltigung der Natur, sie protestiert: „Ich bin unschuldig und gefangen." (140) Die Bergrücken am Golf von Neapel sind Schöpfungen des Winters, dessen „weiße Blitze... unter den Liedern" (ebd.) aufräumen. Der Schnee (als weiße Blitze des Winters) bewirkt eine poetische Katharsis. Die neapolitanischen „Lieder" werden durch den „heiseren Donner" des Winters abgelöst. Längst ist die Natur keine Idylle mehr, Bachmann erkennt auch in ihr die Ausübung der Gewalt. Sie nimmt teil an diesem natürlichen Schauspiel der Besitzergreifung. Deutlich hat sich die Dichterin der Natur völlig einverleibt. Die Kälte, die in die Landschaft eingedrungen ist, hat auch ihr Inneres erfüllt. Die Zerstörung der „Lieder" beschränkt sich nicht auf neapolitanische Gesänge, ihre eigene Dichtung wird mit „aufgeräumt." Die Naturbeschreibung des Gedichts ist somit nichts anderes als das objektive Korrelat des Bachmannschen Bewußtseins. Wie die Wellen in den letzten sechs Zeilen erweist sich die gesamte Natur selbst als Flucht, als gegensätzliche Bewegung, als eine Identität aus Widersprüchen. Von hier aus gewinnt die Identifizierung mit der Natur ihre eigentliche Bedeutung. Das Gedicht ist eine gedankensprachliche Eigenprojektion, die künstlerische Reflexion Ingeborg Bachmanns. Drei der vier Strophen beginnen mit rollenhaft autobiographischen Selbstbezügen der Dichterin:

> Ich bin unschuldig und gefangen (II)
> Ich bin unschuldig... (III)
> ohne Hoffnung, denn ich soll nicht entkommen (IV)
> (ebd.).

Sie entkommt sich selbst nicht, auch nicht im südlichen Italien, ihrem lyrisch „erstgeborenen Land." Der winterliche Schnee holt sie ein in die Gefangenschaft der (natürlichen und seelischen, individuellen und gesellschaftlichen) Kälte, der entsinnlichten Abstraktion und des tödlichen Schweigens.

So ist es keine bloße Geste, sondern Ausdruck eines programmatischen Entschlusses und eines bewußt geprägten Willens zum Leben, wenn es nun zu Beginn des fünften Gedichts heißt:

> Fort mit dem Schnee von der gewürzten Stadt!
> (ebd.)

Bachmann feiert die Überwindung ihrer nordischen Kälte, die neuerliche Sensibilisierung ihrer Sprache und die Abkehr ihrer tödlichen Selbstbetrachtung. Dem Kreislauf der Jahreszeiten entsprechend erlebt sie einen Neubeginn künstlerischer Ausdruckslust. Die Wiederbelebung ihrer dichterischen Sprache soll fortan sämtliche (Bewußtseins-)Stadien einer vergänglichen Existenz umfassen:

> Streut die Korinthen aus,
> die Feigen bringt, die Kapern!
> Belebt den Sommer neu,
> den Kreislauf neu,
> Geburt, Blut, Kot und Auswurf,
> Tod —
> (ebd.).

Gerade das Leiden vermag der Schönheit gültigen Ausdruck zu verleihen, „die Striemen" (ebd.) entwerfen „Linien" (141) wollüstiger Gestaltung. Es gilt, „mit der Gefahr vertraut" (ebd.) zu schreiben, den Tod mit in die Anschauung einzubeziehen. (Die Anklänge an Platens berühmte Zeilen „Wer die Schönheit angeschaut mit Augen,/ist dem Tode schon anheimgegeben" sind nicht zufällig. Bachmann liebte sie, doch drückt sie selber eher deren Umkehrung aus: ihr liegt daran, durch den Tod zur Schönheit zu gelangen. Sie bleibt auch in diesem Sinne eine orphische Dichterin.) Selten zeigt sich der Eros ihrer Ästhetik so deutlich wie in den letzten drei Zeilen des vorliegenden Gedichts. Ihr dichterisches Wort und Sein verwirklicht sich zwischen „dem Zorn des Lavagotts" und „dem Engel Rauch", sie erfährt diesen ständigen Doppelbezug im vermittelnden Eros „der verdammten Glut." (ebd.) Sie „glüht" im Geist der Gewalt und in der Gewalt des Geistes, ihre Liebe gilt ihnen beiden. Als Undine, als Dichterin und Frau fühlt sie sich wegen dieser „Glut" vergewaltigt, der Reiz einer gewaltsamen Liebe droht sie zu „verdammen." Die ganze Ambiguität des Bachmannschen Eros kommt hier nachhaltig zum Ausdruck. Im folgenden Gedicht tritt diese „verdammte Glut" unmißverständlich als geschlechtliche Erfüllung, als das sexuelle Aufschließen eines Körpers in Erscheinung; auch das, weiß oder glaubt die Bachmann, bedarf ihrer Deutung als gewaltsames Naturereignis, das sich zeichenhaft an der vesuvischen Landschaft ablesen läßt. Wieder ist Bachmanns Naturdichtung Selbstgestaltung und gattungshafte Reflexion in einem.

Die beste Einführung zum sechsten Gedicht liefert ein Ausschnitt aus der Erzählung *Ein Schritt nach Gomorrha*. Dort heißt es einmal:

> Als Kind hatte Charlotte alles lieben wollen und von allem geliebt sein, von dem Wasserwirbel vor einem Fels, vom heißen Sand, dem griffigen Holz, dem Habichtschrei — ein Stern war ihr unter die Haut gegangen und ein Baum, den sie umarmte, hatte sie schwindlig gemacht. Jetzt war sie längst unterrichtet in der Liebe, aber um welchen Preis!
> (206)

Die Liebe zur Natur und die natürliche Liebe, die in allen Gedichten Bachmanns eine so wichtige Rolle spielen, lassen sich auch an diesen Sätzen überdeutlich ablesen. Die Erzählung entstand ungefähr fünf Jahre nach dem Gedicht; sie veranschaulicht streckenweise die zentrale Thematik der Bachmannschen Liebeslyrik. Der Textauszug kommt einer Komplementäraussage zu den Gedichten gleich. Die Prosa liest sich zuweilen wie eine Interpretation der Lyrik.

> Unterrichtet in der Liebe
> durch zehntausend Bücher,
> belehrt durch die Weitergabe
> wenig veränderbarer Gesten
> und törichter Schwüre —
>
> eingeweiht in die Liebe
> aber erst hier —

>   als die Lava herabfuhr...
>   (141)

Unter dem unmittelbaren Eindruck der neapolitanischen Landschaft ruft das Gedicht die Erinnerung einer Liebe wach. Der Nachvollzug dieser Liebe entfaltet sich in drei Stufen, denen jeweils eine Strophe zugeteilt ist: „Unterrichtet in der Liebe" (I), „eingeweiht in die Liebe" (II) und „Wir traten ein in verwunschene Räume" (III). Bachmann zeichnet die *Entwicklungsstufen* der Liebe; zu einer völligen *Vergegenwärtigung* und intim persönlichen *Identifizierung* kommt es noch nicht. (Das bleibt dem siebten Gedicht vorbehalten.) Die Liebeserinnerung läßt somit eine Deutungsmöglichkeit zu, die für das Gesamtverständnis der Sequenz von entscheidender Bedeutung ist. Das Fortdenken des Schnees (im fünften Gedicht) und die sinnliche Wiederbelebung nach dem Vorbild der Jahreszeiten könnte sich nurmehr im Gedächtnis der Einsamen „im Eisverhau voller Wunden" (139) vollziehen. Dafür spricht nicht nur die retardierend eingeführte Vergangenheitsform des sechsten Gedichts. Auch die wiederholt unmißverständlichen Hinweise auf „schneeverpackte Gräber" (XIII), den „Schneekorb" und „das Eis" (XIV) gegen Ende des Zyklus deuten darauf hin. In der Erzählung *Ein Schritt nach Gomorrha* wird die biblische Orientierung ausdrücklich betont. Die *Lieder auf der Flucht* hingegen erotisieren Religiöses zu märchenhafter Mythologie. Das fünfte Gedicht spricht von einem „Lavagott", „dem Engel Rauch" und „der verdammten Glut." (141) Die Liebe gestaltet sich in dichterischer Erinnerung als magisches Paradies, als zauberhaftes Märchen. Die natürliche Landschaft verwandelt sich „in verwunschene Räume". (ebd.) Der Vesuv wird zum objektiven Korrelat eines Vulkans geschlechtlicher Liebe. Die „verwunschenen Räume" sind der Einbruch in die Erde, in den sinnlichen Körper. Wieder feiert Ingeborg Bachmann mit dieser (wenn auch etwas strapazierten) Analogie die Magie einer natürlichen Bildersprache. „Ausfahrt" aus dem einheimischen „Land" der babylonisch begrenzten Muttersprache *entspricht* der „Erinnerung" an das „erstgeborene Land" des natürlichen Ausdrucks. In der Sequenz *Lieder auf der Flucht* läßt sich die Entwicklung zu einer solchen zeichenhaften Kongruenz stufenweise nachvollziehen. Bachmann begeistert der Eros dieser Sprachverwandlung, sie erkennt in dem Vollzug eine Metamorphose der Liebe. Ihre Ausdruckslogik deckt sich also mit dem Inhalt und Thema dichterischer Gestaltung. Bachmanns Lyrik bezeugt und vollzieht den wesensimmanenten Wandel, die poetischen Erscheinungsformen einer Sprache der Liebe.

Im siebten Gedicht kommt es zur Darstellung einer vergegenwärtigten Er-Innerung. Achtmal erscheint das Wort „Innen" als Schlüsselbild, vier der fünf Strophen beginnen mit dieser Bezugsmetapher. Erst aus solcher Perspektive ergeben sich die Begriffsbestimmungen des Geliebten, genauer: die magischen Erscheinungen, die zauberischen Verwandlungen der Liebe. Die „verwunschenen Räume" des vorangegangenen Gedichts sind mit dem „Innen" einer liebessprachlichen Gegenwart identisch. Es deckt sich mit unseren Auslegungen, daß dieses „Innen" Aussicht auf „ein Land" gewährt — auf eine andere Sprache also —, in dem die Dichterin „Klarheit" vor allem mit Bezug auf sich selbst sieht. Es ist die Sprache der Selbstverwirklichung; die Liebe führt zur Erkenntnis, zur geteilten Einsicht. Bezeichnend scheint auch, daß Bachmann erneut das Leitmotiv der „Ausfahrt" verwendet, — mit dem ihm von Anfang an anheimgegebenen Paradox, daß die Ausfahrt zur Heimkehr führt.

>   Innen sind deine Augen Fenster
>   auf ein Land, in dem ich in Klarheit stehe.

> Innen ist deine Brust ein Meer,
> das mich auf den Grund zieht.
> Innen ist deine Hüfte ein Landungssteg
> für meine Schiffe, die heimkommen
> von zu großen Fahrten.
> Das Glück wirkt ein Silbertau,
> an dem ich befestigt liege.
>
> (142)

Sprachverwirklichung und Liebeserfüllung bleiben Ingeborg Bachmann eins. Sie sind im vorliegenden Gedicht untrennbar miteinander verbunden. In jeder Zeile bestimmen sie sich gegenseitig. Selbst die Anrede ließe sich sowohl auf die Sprache als auch auf den Geliebten beziehen. Es geht der Dichterin um „Klarheit", sie sucht sich selbst und ihrer Sprache auf den „Grund" zu kommen. Deutlich tritt in diesem Zusammenhang wieder das autobiographische Motiv der *Undine* auf, jener Märchenfrau, die auch später in der Erzählung *Undine geht* (1961) der Liebe durch Sprache und der Sprache durch Liebe auf den Grund zu kommen sucht. Noch in dem 1964 entstandenen Gedicht *Böhmen liegt am Meer* behält Bachmann die gleichen Sprachbilder bei. Auch da geht es um ihr Selbstverständnis, das sich aus der Besonderheit ihres Sprachbewußtseins ableitet. Und wieder feiert die Dichterin ein Land, das sie schließlich nur sprachlich zu verwirklichen und zu lieben vermag.

> Grenzt hier ein Wort an mich, so laß ich's grenzen.
> Liegt Böhmen noch am Meer, so glaub ich den Meeren
>   wieder.
> Und glaub ich noch ans Meer, so hoffe ich auf Land.
>
> Bin ich's, so ist's ein jeder, der ist soviel wie ich.
> Ich will nichts mehr für mich. Ich will zugrunde gehn.
>
> (167)

In der sprachlichen Verwirklichung liegt für Bachmann zugleich eine liebevolle Identifizierung mit dem anderen, eine wesensimmanent literarische Sozialisierung des (lyrischen) Ichs. Die Ambiguität ihrer Erklärung „Ich will zugrunde gehn" ist charakteristisch: zwar bezieht sie sich sprachspielerisch auf Heideggers *Vom Wesen des Grundes* und will auch ohne diesen spezifisch philosophischen Bezug dem Wesen der Sprache und einer heimatlichen Identität in gesellschaftlichem Interesse auf den Grund gehen, doch bleibt eine solche Erkenntnis unweigerlich mit ihrem eigenen Untergang verbunden, – einem Untergang, den sie literarmythologisch im Selbstbildnis der Undine feiert. Liebe und Sprache bedeuten Glanz und Elend dieser Dichterin; im eigenen literarischen Schaffen fließen sie zusammen. Viermal heißt es „Innen sind" und viermal „Innen ist": die Er-Innerung der Liebe mündet in neue Sprachbestimmungen ein. Es sind Definitionen der Liebe, die das siebte Gedicht in seinen fünf Strophen aufzählt. Die Verse sind eine Verwirklichung des Bachmannschen Glaubens, daß die Liebe zu einer neuen Sprache führt. Im Einklang mit ihrem Gedicht *Dunkles zu sagen* (32) verkündet sie auch hier die Liebessprache als Auferstehung vom Tode. Das Gedicht endet mit den orphischen Zeilen:

> Innen sind deine Knochen helle Flöten,
> aus denen ich Töne zaubern kann,
> die auch den Tod bestricken werden...
>
> (142)

Bereits in ihrem ersten Band *Die gestundete Zeit* gibt es richtungsweisende Bezüge auf ein „Innen" der Schönheit, des Lands und der Erde. In *Dunkles zu sagen* heißt es:

> Wie Orpheus spiel ich
> auf den Saiten des Lebens den Tod
> und in die Schönheit der Erde...
> weiß ich nur Dunkles zu sagen.
>
> (32)

Im siebten Gedicht erweist sich der Einblick in die Unterwelt als eine Ankunft „in meinen Samtlanden" (142): die Liebe verkündet ihre eigene Sprache und läßt eine neue Welt entstehen.

Im folgenden Gedicht setzt sich das „innen" entdeckte Land („in dem ich in Klarheit stehe", ebd.) zur „äußeren" Erde in Beziehung. Auch das ist eine Bachmannsche „Landnahme", eine *Ausfahrt* und sprachliche Einkehr zugleich. Wie sehr das achte auf das siebte Gedicht bezogen bleibt, verdeutlicht schon die Zeichensetzung. Die vorangegangenen Verse enden in drei Punkten, die auch das neue Gedicht eröffnen: die Zeilen fließen ineinander über. Die neu entdeckte (Liebes)Sprache sucht sich die Erde, das Meer und den Himmel anzueignen. Wie vordem das Schlüsselwort „Innen" achtmal den Zeilenanfang markierte, erscheint nunmehr „die Erde" ebenfalls achtmal in entsprechender Stellung. Das samtene Land des siebten Gedichts erstreckt sich auf eine Erde, die offenkundig als erotische Analogie der Hingabe verstanden werden will.

> ...Erde, Meer und Himmel.
> Von Küssen zerwühlt
> die Erde,
> das Meer und der Himmel.
> Von meinen Worten umklammert
> die Erde,
> von meinem letzten Wort noch umklammert
> das Meer und der Himmel!
>
> Heimgesucht von meinen Lauten
> diese Erde,
> die schluchzend in meinen Zähnen
> vor Anker ging
> mit allen ihren Hochöfen, Türmen
> und hochmütigen Gipfeln
>
> (143).

Indes läßt sich zwischen Hingabe und Besitzergreifung kaum noch unterscheiden. Die Erde unterwirft sich einer liebessprachlichen Aneignung. Die Dichterin (oder das Gedicht) ist jetzt der Liebhaber, die Erde die Geliebte. Das lyrische Ich liebt die Erde mit seiner Sprache. Bachmanns charakteristische Mischung aus religiöser und erotischer Metaphorik zeigt sich besonders deutlich in den letzten Zeilen dieses Gedichts, in denen die Analogien zur christlichen Auferstehung, zum weiblichen Orgasmus, aber auch zum Kreislauf der Sonne ineinander verschmelzen:

> untergegangen im Meer
> und aufgegangen im Himmel
> die Erde!
>
> (ebd.)

Das Gedicht *An die Sonne* (1956) entstand im gleichen Jahr wie die Sequenz *Lieder auf der Flucht*; im Sammelband *Anrufung des großen Bären* ist es das letzte Gedicht vor dem Zyklus. Kein Zweifel: auch *An die Sonne* ist ein Liebesgedicht, es feiert die Sonne in wiederum religiösmärchenhafter Sprache:

> Gefärbt, geformt, in die Welt gekommen mit einer
> Sendung von Licht,
> Und den Umkreis zu sehn, das Geviert eines Felds, das
> Tausendeck meines Lands
> Und das Kleid, das du angetan hast. Und dein Kleid,
> glockig und blau!
> (137)

In der natürlichen Erscheinung erkennt und versöhnt Ingeborg Bachmann religiöse und erotische Zeichen. Darin kennzeichnet sich der besondere Charakter ihrer Naturlyrik. Das achte Gedicht der *Lieder auf der Flucht* ist eine großartige Liebeserklärung an „diese geschlagene Erde," „diese rastlose Erde," „diese betäubte und betäubende Erde." (143) Es gehört zum eigentümlichen Wesen der Bachmannschen Gedichte, daß sie gerade in der Lobpreisung primärer Naturerscheinungen überragen. Sie feiern das Licht, die Erde, den Himmel, die Sterne, das Meer, die Landschaft, die Sprache und die Liebe. Und immer wieder ist es ein Preisen sprachlichen Identifizierens: die Eigenexistenz der Natur wird anerkannt, zugleich jedoch als liebend- geliebter Partner umworben. Die Verbindung zwischen Eigenexistenz und Sehnsucht ist das (liebessprachliche) Bild. Bachmann nennt die folgende Erklärung den „bittersten Satz" des *Tractatus* von Ludwig Wittgenstein: „Gott offenbart sich nicht in der Welt." (116) Indes dürfte ihre religiöse und erotische Sehnsucht Trost in einem anderen Satz des Sprachphilosophen gefunden haben: „Das Bild ist ein Modell der Wirklichkeit." (§ 2.12) Als Dichterin erkennt sie den sprachschöpferischen Beitrag, den sie der Wirklichkeit in literarischen (modellhaften) Entwürfen entgegenhalten kann. Die Umwerbung der Erde ist ein Bekenntnis zum literarischen Bild, zur dichterischen Sprache. Bachmanns Erde ist in der Tat „von (ihren) Worten umklammert." (143)

Vom neunten Gedicht an tritt eine deutliche Wende in der Sequenz ein. Nach der ekstatischen *Landnahme*, der sprachlichen Neuentdeckung der Erde und der Liebe folgen das „Unglück" (IX), das Löschen der Flamme (X), „das Nichts" (XI), „das Urteil" (XII) und die Schuld (XIII). Auch diese Erfahrung wird als zeichenhafte Sprache verstanden; die religiösen, erotischen und märchenhaften Metaphern versuchen weiterhin, Wortgrenzen zu markieren. Auf die Gläubigkeit des vorangegangenen Gedichts folgt der Aberglaube:

> Die schwarze Katze,
> das Öl auf dem Boden,
> der böse Blick:
>
> Unglück!
>
> Zieh das Korallenhorn,
> häng die Hörner vors Haus,
> Dunkel, kein Licht!
> (144)

Der letzte Vers gewinnt an Bedeutung, wenn man das programmatische Gedicht *Landnahme* in Erinnerung behält. Dort war die Abwesenheit der Liebe in entsprechender Zeichensprache gekennzeichnet:

> Ein Horn stak im Land,
> vom Leittier verrannt,
> ins Dunkel gerammt.

Die Lösung des Fluchs vollzieht sich in der Form einer sprachlichen Befreiung. Der Retter ist somit niemand anders als die Dichterin selbst:

> Aus der Erde zog ich's,
> zum Himmel hob ich's
> mit ganzer Kraft.
> Um dieses Land mit Klängen
> ganz zu erfüllen,
> stieß ich ins Horn,
> willens im kommenden Wind
> und unter den wehenden Halmen
> jeder Herkunft zu leben!
>
> (98)

Auch im neunten Gedicht der *Lieder auf der Flucht* gilt es, das Korallenhorn zu ziehen. Doch es wird nicht ins Horn gestoßen, es erheben sich keine befreienden Klänge. Das Horn wird vielmehr zu einem Ahnentier und Stammeszeichen, zu einem Totem heidnischer Gewalt. Von ihm erhofft man sich Schutz, im Zeichen abergläubischer Dunkelheit lebt der Mensch eine tierische Existenz. (Das Gedicht erinnert äußerst stark an die ländliche Finsternis in den Prosawerken Thomas Bernhards, die für Bachmann „über die Becketts weit hinausgehen, ihr unendlich überlegen sind." [363]) Bezeichnenderweise enthält das Gedicht kein einziges Personalpronomen; es ist, als hätten sich die Dunkelheit und das Unglück zeichenhaft verselbständigt.

Der persönliche Bezug wird erst wieder im zehnten Gedicht hergestellt, doch auch diese Verse sind in erster Linie eine „Anrufung" (im Sinne des Titels *Anrufung des großen Bären*) der Liebe und Leiden. Die zwei dreizeiligen reimlosen Strophen prallen absichtsgemäß hart aufeinander. Eine gegenseitige Abhängigkeit von Liebe und Leid wird anerkannt und auch vom Gedicht sprachformal ausgedrückt (vgl. die parallelen Zeilen „O Liebe, die unsre Schalen/aufbrach und fortwarf..." und „O Leiden, die unsre Liebe austraten...", 144), doch nur, um sie als eine gewaltsame Korrelation auszuweisen. Jede Zeile besitzt ihren jeweiligen Widerspruch: was in der ersten Strophe *Liebe* ist, erscheint in der zweiten als *Leiden*, dem *Schild* folgen die *fühlenden Teile*, dem *Wetterschutz* und *Rost* stellen sich der *Qualm* und die *Flamme* entgegen. Das Gedicht ist eine Einübung in die Widersprüchlichkeiten persönlicher Empfindungen und menschlichen Ausdrucks, sein (nicht nur sprachformales) Muster ist Satz und Gegensatz.

Vollends kehrt der Zyklus dann mit dem elften Gedicht zu einer intim persönlichen Anrede zurück. Wieder muß dabei offen bleiben, ob es sich um das „Du" des Geliebten oder einer Selbstanrede handelt; für die Deutung der Verse ist das ohne Belang. Die ersten beiden Strophen sind naturmetaphorische Bestimmungen dessen, was in der dritten Strophe wie folgt aufgezählt wird:

> Wahnsinn, Verachtung, dann die Rache,
> und schon die Reue und der Widerruf.
>
> (ebd.)

Zwar verwendet Bachmann weiterhin Naturbilder, hier jedoch ausdrücklich in solcher Weise, daß der Natur selbst Gewalt angetan wird. Das „Wetterleuchten" der ersten Strophe erweist sich als letzte „Feuerwerke" (ebd.) streitbarer Auseinandersetzungen zwischen den (ehedem) Liebenden. Selten sind die gewaltsame Enttäuschung der Liebe und das folgende Zerwürfnis unter den Geliebten so eindringlich und (auch sprachlich) leidenschaftlich dargestellt worden wie in den Eingangszeilen dieses Gedichts:

> Du willst das Wetterleuchten, wirfst die Messer,
> du trennst der Luft die warmen Adern auf...
>
> (ebd.)

Das ist der „bittere Flaum" des Nebellands (105), durch den die Liebenden „fortgehen." Das ist das „Austreten" der Liebe. (144) Das ist der „gewitterhafte Traum", in den sich die verunmöglichte Liebe flüchtet. (*Ein Schritt nach Gomorrha*, 213) Auch das Gedicht spricht von einem Verstoß „in das Traumverlies" (145) und den (hier freilich „ehrlichen") „Gewittern" (ebd.), mit denen die Liebe schließt. Das charakteristische Märchenvokabular wird ebenfalls beibehalten, doch bezeichnet es jetzt einen Vorgang der Entzauberung. Entsprechendes gilt für literarmythologische Anspielungen. Die Entwicklung führt in beiden Fällen in das Nichts.

> Wo ihre goldnen Haare niederhängen,
> greifst du nach ihr, der Leiter in das Nichts.
> Tausend und eine Nacht hoch sind die Sprossen.
> Der Schritt ins Leere ist der letzte Schritt.
> (ebd.)

Die Liebe führt ins Leere; auch das ist eine (gewalttätige und furchtsame) Verwandlung, die Magie der Zerstörung. Nicht Schopenhauers Nirwana oder das hingebungsvolle Erlöschen eines Orgasmus ist gemeint, sondern die Abwesenheit der Liebe, die Leere der Lieblosigkeit, das Leiden an der Verlassenheit. Demgemäß endet das Gedicht denn auch mit der Erkenntnis eines gewaltsamen Leidens und des Wahn-Sinns einer zerstörten Liebe.

> Umnachtet hältst du wurzellose Locken.
> Die Schelle läutet, und es ist genug.
> (ebd.)

Von der Liebe heißt zugleich von allen guten Geistern verlassen sein; in geistiger Umnachtung hört der Narr die Schelle läuten. Jetzt gestaltet die Sprache eine Heimsuchung der Verlassenheit:

> Und wo du aufprallst, sind die alten Orte,
> und jedem Ort gibst du drei Tropfen Blut.
> (ebd.)

Bachmanns mythologisierende Sprache zeichnet das Opfer einer gewaltsamen Liebe. Der blutige Tribut behält, wenn auch nur hintergründig, eine religiös-erotische Bedeutung bei.

Dagegen greift das zwölfte Gedicht nicht nur das Erleiden von Gewalt, sondern die offene Brutalität des Widerspruchs von Liebe und Leid auf. In Angleichung an das Kontrastmuster des zehnten Gedichts verwandelt sich die Aufzählung von Intimitäten in eine Liste furchtbarster Grausamkeiten. Modellhaft entwirft Bachmann die gegensätzliche Einheit von Zärtlichkeit und Brutalität, von Liebe und Gewalt, nicht zuletzt aber auch von privatem Verhalten und gesellschaftlicher Konsequenz. Die intime Hingabe an den geliebten Partner wird zur öffentlichen Hinrichtung. Das Gedicht vereinigt auf engstem Raum die für Bachmann so charakteristische Gegenüberstellung der Gewalt des Eros mit dem Eros der Gewalt. Immer wieder erfährt die Dichterin darin das grundlegende *Simultan*verhältnis menschlicher Beziehungen. In ihrer Kurzerzählung *Jugend in einer österreichischen Stadt* (1959) setzen sich bereits die Kinder zu einem „Lustmörder" in Bezug:

> Sie fühlen den Griff des Würgers, das Geheimnis,
> das sich im Wort Lust verbirgt und das mehr zu
> fürchten ist als der Mörder.
> (88)

Bachmann hat die Furcht vor der Vergewaltigung zeit ihres Lebens nicht verloren. Offenbar handelt es sich um ein Jugenderlebnis, das sie nie zu überwinden vermochte. Auf die andere prägende Kindheitserfahrung jenes Eros' der Gewalt, die sie im Roman *Malina* in Erinnerung ruft, haben wir bereits verwiesen. (Vgl. *Malina*, 25) Gewiß ist das zwölfte Gedicht der *Lieder auf der Flucht* das bitterste, das Ingeborg Bachmann nicht nur in dieser Sequenz geschrieben hat. Sicher ist aber auch, daß sie hier eine für sie grundlegende Einsicht zum Ausdruck gebracht hat.

Die Abwesenheit der Liebe führt im folgenden zu einer nicht nur persönlichen Identitätskrise. Der Verlust der Liebe bedeutet der Dichterin den Tod: das dreizehnte Gedicht gestaltet einen Sterbeprozeß. Alles hebt sich in Verneinung auf: „Die Sonne wärmt nicht, stimmlos ist das Meer." (146) Aber nicht nur die Natur befindet sich in einem Zustand der Negation. Wie immer, sucht sich Bachmann durch einen erotisch-religiösen Doppelbezug zu bestimmen; sie sucht den Schutz einer geistlichen Liebe. Die restlichen Zeilen der ersten Strophe schließen Anklänge an die Lava-Glut sexueller Erfüllung, wie sie im sechsten Gedicht gefeiert wurde, ausdrücklich und unüberhörbar mit ein. Doch während diese Glut – auch die „verdammte Glut" (141) des fünften Gedichts – die tödliche Kälte des Alleinseins (vgl. I-IV) zu schmelzen vermag, wird dem neuerlichen Sterben dadurch keinen Einhalt mehr geboten.

> Die Gräber, schneeverpackt, schnürt niemand auf.
> Wird denn kein Kohlenbecken angefüllt
> mit fester Glut? Doch Glut tut's nicht.
> (146)

Die neue Einsamkeit ist das Ergebnis einer verlorenen, vergewaltigenden Liebe. Ein liebloser Eros kann über diesen schmerzlichen Verlust nicht hinweghelfen, eine solche „Glut tut's nicht." Aber auch der sich unmittelbar anschließende religiöse Appell bleibt unbeantwortet. Erneut macht Bachmann von dem dichterischen Urwesen der *Anrede* Gebrauch. Ihre Klage „Erlöse mich! Ich kann nicht länger sterben" (ebd.) richtet sich zunächst noch gleichermaßen an die verlorene Liebe und an den gesuchten Gott. Doch:

> Der Heilige hat anderes zu tun;
> er sorgt sich um die Stadt und geht ums Brot.
> (ebd.)

Sie glaubt sich auch von einer priesterlichen, einer seelsorgerlichen Liebe verlassen. Der göttliche Geist bettelt um die materialistischen Werte der Gesellschaft und kümmert sich nicht um das Seelenheil eines an der Liebe leidenden Opfers. „Gott offenbart sich nicht *in* der Welt." (Wittgenstein) Das Thema des Gedichts ist die Verbindung zwischen *Aufhebung* und *Erlösung*. Die Frage, ob Verlust seine eigene Verklärung bewirken kann, ist ein grundsätzlich religiöses Problem. So erweisen sich auch die Parallelzeilen

> Ich bin noch schuldig. Heb mich auf.
> Ich bin nicht schuldig. Heb mich auf.
> (ebd.)

als religiöse Bitte um Vergebung *und* Appell an den verlorenen Geliebten. Zugleich handelt es sich, wie immer bei Bachmann, um eine dichterische Eigenreflexion, ein poetisches Selbstgespräch. In ihrer Suche nach der in vergewaltigter Liebe verlorenen Identität weist sich die Dichterin als märchenhafte Personifizierung des Untergangs aus: sie verwandelt sich zur Undine. Das Thema des Untergangs und der Erlösung gibt sich darüber hinaus als mythologische Selbstgestaltung der Lyrik zu erkennen. In Orpheus spiegelt sich das Wesen der Dichtung wider. So überrascht es nicht, daß die folgenden Zeilen Bachmanns Orpheus-Gedicht *Dunkles zu sagen* (aus dem Band *Die gestundete Zeit*) variieren, indem sie es mit dem anderen mythologischen Motiv der Dichterin in Verbindung setzen: der märchenhaft erotischen Eigenprojektion Undine.

> Das Eiskorn lös vom zugefrornen Aug,
> brich mit den Blicken ein,
> die blauen Gründe such,
> schwimm, schau und tauch:
> Ich bin es nicht.
> Ich bin's.
> (ebd.)

Auch in *Dunkles zu sagen* geht es um verlorene Liebe und die Erlösung vom Tode. Es ist eine Wehklage der schmerzlichen Erkenntnis: „...ich gehöre dir nicht zu." (32) Das Gedicht endet mit den Zeilen, die in *Lieder auf der Flucht* auf den gemeinsamen Untergang Orpheus' und Undines bezogen perspektivisch umgeformt werden:

> Aber wie Orpheus weiß ich
> auf der Seite des Todes das Leben,
> und mir blaut
> dein für immer geschlossenes Aug.
> (ebd.)

Die Dichterin lockt hier mit einer Auferstehung *im* Tode, nicht nur im religiösen Sinn. Wie Sylvia Plath und Anne Sexton ist auch Ingeborg Bachmann einer Todeserotik verfallen, die schließlich zum Selbstmord führen muß. Die Verführung in den Liebestod, der den Tod der Liebe rächen soll, inszeniert sie im biographischen Leitbild der Undine. „Ich bin unter Wasser. Bin unter Wasser." (262) So heißt es gegen Ende der Erzählung *Undine geht*. Sie schließt mit dem (schon typographisch) gedichthaft ausgewiesenen Lockruf: „Komm. Nur einmal./Komm." (263) Die widersprüchliche Erkenntnis menschlicher Beziehungen, die mißverständlichen Intimitäten der Liebe beenden das dreizehnte Gedicht der Sequenz. Satz und Gegensatz („Ich bin es nicht./Ich bin's.") signalisieren die Doppeldeutung, die dem Prozeß einer Selbstverwirklichung – in dichterischer Sprache und in geteilter Liebe – zukommt. Wie Aufhebung und Erlösung erweist sich die eigene Identität als widersprüchlich gleich. Die letzten Zeilen decken diesen Konflikt auf; sie wiederholen die vorangegangenen Parallelsätze „Ich bin noch schuldig" und „Ich bin nicht schuldig." Es kommt zu keiner Erlösung, weder im religiösen noch im erotischen Sinn, wohl aber zur fragwürdigen Selbstaufhebung, zur widersprüchlichen Identität. Das dreizehnte Gedicht endet mit einer Verführung zur tödlichen Erkenntnis; Undine lockt: „schwimm, schau und tauch", um im Untergang den Gegensatz zu feiern. „Und nun geht einer oben und haßt Wasser und haßt Grün und versteht nicht, wird nie verstehen. Wie ich nie verstanden habe." (*Undine geht*, 263)

Im vorletzten Gedicht der *Lieder auf der Flucht* vollzieht sich die religiöse Auflösung, die Verklärung, die Apotheose, – doch nur in der Form einer Zukunftsvision, als ein Versprechen, als ein Glaubensbekenntnis. Es ist die Auferstehung der Dichterin und ihrer Sprache, die Erlösung, die ihr im tödlichen Verlust der Liebe versagt bleibt. Während es im dreizehnten Gedicht heißt: „Erlöse mich! Ich kann nicht länger sterben" (146), beginnt der neue Vers in gläubiger Zuversicht und offensichtlicher Überwindung aller erlittenen Schmerzen: „Wart meinen Tod ab und dann hör mich wieder." (147) Eine Erhöhung der (dichterischen) Sprache wird vorausgesagt, endlich wird sie wesensgleich im Einklang mit der Natur existieren. Die „neue Sprache" entsteht aus der Natur, aus der Schneeschmelze singen ihre Töne:

> es kippt der Schneekorb, und das Wasser singt,
> in die Toledo münden alle Töne, es taut,...
> (ebd.)

Zugleich ist jedoch der Wohlklang der Sprache für die Schmelze (mit) verantwortlich: „ein Wohlklang schmilzt das Eis." (ebd.) Natur und Sprache beeinflussen sich gegenseitig, sie sind schließlich nicht mehr voneinander zu trennen. Diese Rückkehr zur Natur führt zur letzten poetischen Anrufung des Bandes: „O großes Tauen!" (ebd.) Bachmann projiziert ein dichterisches Paradies, in dem es nur eine geteilte Identität, eine liebevolle Einheit des Wesens gibt. So sieht sie

> Silben im Oleander,
> Wort im Akaziengrün
> Kaskaden aus der Wand.
> (ebd.)

Ganz anders als im ironisch gebrochenen Krolow-Gedicht *Neues Wesen*, in dem die Literarisierung der Natur (wohl auch selbstkritisch) in Zeilen wie den folgenden ausgedrückt wird:

> Die grüne Hecke ist ein Zitat
> aus einem unbekannten Dichter,

herrscht in der Bachmann-Vision ein wesentlich unmittelbarer Einklang zwischen Natur und Sprache. An die Stelle eines bloßen Zitats tritt eine ursprüngliche Einheit.

> Die Becken füllt,
> hell und bewegt,
> Musik.
> (ebd.)

Das Bachmannsche Tauen ist eine Besinnung auf die Evolution der Kunst. Die Verse frohlocken im Rückbezug, sie verkünden die Wieder-Geburt der Kunst aus dem Geiste der Natur.

Die *Erlösung* des vierzehnten Gedichts verwandelt sich im letzten Gedicht der Sequenz zu einer – sprachlichen – *Auferstehung*. Nirgends wird Bachmanns Sprachgläubigkeit deutlicher als in den Schlußversen ihrer *Lieder auf der Flucht*. Die beiden Strophen lesen sich wie das Vermächtnis der Dichterin, ein Testament freilich, das sie in ihren letzten Gedichten 1964-1967 deutlich widerruft. Es gilt, dieser Spannung, ja dieses deutlichen Konflikts eingedenk zu bleiben, will man die Aussage am Ende der Sequenz, die sich als selige Gewißheit gibt, im lyrischen Gesamtwerk Bachmanns richtig einschätzen. Das Gedicht XV ist dichterisches Postulat und sprachliche Gebärde. Als poetischer Willensausdruck versteigt es sich ins Kosmische, es nähert sich einer Metaphysik der Sprache.

> Nur Sinken um uns von Gestirnen. Abglanz und Schweigen.
> Doch das Lied überm Staub danach
> wird uns übersteigen.
> (ebd.)

Der Gedanke einer unsterblichen Dichtung ist ein alter literarischer Topos. Die Auferstehung des „Lieds" erweist sich ohnehin als nur gewollt; die Idee ist keineswegs in der Sprache des Gedichts, als Poesie verwirklicht. Nichts scheint enthüllender als die in lyrisch formaler Hinsicht prosaische Behauptung, mit der die *Lieder auf der Flucht* ihren Abschluß finden. Die beiden letzten Zeilen sind flach und als sprachliche Verwirklichung ohne Dichte. Das Postulat siegt über die Gestaltung, die Rhetorik über das „Wort". (ebd.) Nicht zufällig liest sich das Schlußgedicht wie eine Mischung aus Rilke und expressionistischer Prosa. Kein Zweifel: hier wird eine Sinngebung vorgetäuscht, an die Ingeborg Bachmann schließlich selber kaum mehr glauben konnte. Ihr Wille reimt sich eine Auferstehung zusammen, in die sie spekulativ ihr Seelenheil legt. Wie sie sich zeitlebens als märtyrerhaft repräsentative Dichtung projiziert hat, so postuliert die Dichterin ihre sprachliche Unsterblichkeit. Bewußt oder unbewußt hat die Bachmann mit dieser Sequenz nicht nur ihre (klassisch epigonenhafte) Flucht nach Italien und die flüchtige Wirklichkeit der Liebe aufgezeichnet, sie schuf zugleich das dichterische Protokoll einer Flucht in die Sprache. Das verleiht der Gedichtfolge einen durchaus bekenntnishaften Charakter. Ihre Konflikte und Widersprüche bleiben un(auf)gelöst. Gerade daraus ergibt sich jedoch die Stärke, die besondere Anziehungskraft und die charakteristische Eigenart dieser Lyrik. Die Aussagespannung findet ihre formale Entsprechung. Die sprachliche Eroberung, die ausdrückliche Verkörperung einer Idee oder Erfahrung im Wort endet in einer Geste. Die Dichte der Verse VII, XI oder XII (obschon ihrerseits von recht unterschiedlicher Ausdrucksform und -logik) mündet in ein rhetorisches Postulat. Die einfachen Sätze des abschließenden Gedichts besitzen den sprachgedanklichen Charakter eines *statement*. Sie sind argumentativ, fragwürdig. Der Inhalt ihrer Aussage wird keiner (weiteren) Überprüfung ausgesetzt. So verabschiedet sich Ingeborg Bachmann in ihrem (wohl besten) Gedichtband *Anrufung des großen Bären* mit einem Glaubensbekenntnis, das sie später widerrufen wird. Und doch wird man bei aller Fragwürdigkeit dieser ans Ästhetizistische grenzenden *Verkündung* (tatsächlich liest sich das Schlußgedicht ja wie eine Predigt) zugeben müssen, daß das Bachmannsche „Lied" den „Staub" der Dichterin überstiegen hat. Auch die vorliegende Untersuchung ist nichts anderes als die Erfüllung der ersten Zeile im vorletzten Gedicht ihrer *Lieder auf der Flucht*:

> Wart meinen Tod ab und dann hör mich wieder.
> (ebd.)

Bachmanns dichterische Auferstehung erweist sich als ein zitathaft literarmythologischer Selbstbezug: der weibliche Orpheus verwandelt sich zu Undine. Gerade in dieser Gestalt aber personifiziert sich das Widersprüchliche ihres sprachlichen und geschlechtlichen Bewußtseins. Der Untergang ist für Undine die Rückkehr in ihr eigentliches Element; dabei versucht sie, den Mann mit sich in seinen Tod zu locken. Bachmanns dichterische Sprache läßt sich mit den wiederholten Undine-Worten zusammenfassen: „Geh, Tod! Und: Steh still, Zeit! Das habe ich euch gesagt." (258, 259) In den *Liedern auf der Flucht* sucht sie die (sprachliche) Überwindung des Todes zu verkünden. Der Sammelband *Die gestundete Zeit* gestaltet den (sprachlichen) Stillstand geschichtlicher Erfahrungen. Als Rettung erweist sich in jedem Falle die Sprache. Spätestens mit dem Nelly Sachs gewidmeten Gedicht *Ihr Worte* (1961) wird eine solche Sprachverklärung immer nachdrücklicher in Frage gestellt. Da kommt es zu einer Anrufung des Wortes, die den vorangegangenen Gedichtbänden radikaler nicht widersprechen könnte. Jetzt warnt sie ausdrücklich: „zum Tod fall dir nichts ein." (163) Auch über die Liebe sollen ihre Worte die Aussage verweigern:

> Laßt eine Weile jetzt
> keines der Gefühle sprechen,
> den Muskel Herz
> sich anders üben.
> (162)

Die Schlüsselzeilen des Gedichts erweisen sich als eine bedingungslose Absage an die vordem vergöttlichte Sprache: „Es hellt nicht auf." (ebd.), „Sagt sie nicht." (ebd.), „Laßt, sag ich, laßt." (ebd.) und „Kein Sterbenswort,/Ihr Worte!" (163). Damit steht das Gedicht jedoch in einem bewußten Widerspruch zur eigenen Aussage. Insgeheim geht es Ingeborg Bachmann immer noch um eine ausdrückliche Bestätigung der dichterischen Sprache. Auch in ihrer scheinbaren Negation, in ihrer gedanklichen Verwerfung bedarf es der (formal komponierten) Worte dieses Gedichts. So zeichnet sich hier eher der Wandel oder der Ansatz zu einer neuen lyrischen Sprache ab als deren totale Verneinung. „So", mit einer herkömmlich dichterischen Sprache „möchte die Welt...schon gesagt sein." (162) Es gilt also wieder einmal, *die neue Sprache* zu entdecken, die Welt anders auszudrücken. Die Hommage an Nelly Sachs ist ja durchaus noch als Glaube an die Dichtung zu deuten.

Selbst das in biblischem Ton scheinbar noch verzweifelte Gedicht für die russische Dichterin Anna Achmatova *Wahrlich* (1964) endet mit der Anweisung zu einer ästhetisch und moralisch glaubwürdigen Ausdrucksform. Es geht darum, „Einen einzigen Satz haltbar zu machen". Dazu erklärt Bachmann abschließend:

> Es schreibt diesen Satz keiner,
> der nicht unterschreibt.
>
> (166)

Ein solches „Unter-Schreiben" ist nichts anderes als das Untertreiben der neuen dichterischen Sprache. Vergleicht man die Sprache der Gedichte *Ihr Worte* und *Wahrlich* mit den Versen der *Lieder auf der Flucht*, so fällt die programmatische Nüchternheit der späteren Lyrik besonders deutlich ins Auge. Man wird die vorangegangenen Lieder kaum der „Unterschreibung" bezichtigen können. Eine neue, fundamentale Sprachskepsis macht sich Anfang der sechziger Jahre bemerkbar. Es genügt eine Gegenüberstellung der folgenden Zeilen:

> Innen ist dein Mund ein flaumiges Nest
> für meine flügge werdende Zunge.
>
> (142)

mit:

> Das Wort
> wird doch nur
> andre Worte nach sich ziehn,
> Satz den Satz.
>
> (162)

Dem ekstatischen Liebesgedicht aus der 1956 entstandenen Sequenz tritt ein grundsätzlich verändertes Sprachverständnis entgegen. Die „Worte", denen einst eine immanente Selbstverwirklichung, eine schöpferische Bewußtseinsgestaltung zuerkannt wurde, erweisen sich fortan als unzuverlässig, vorläufig und unverantwortlich. Dennoch wäre es falsch, wollte man die letzten Gedichte der Bachmann als eine voll entwickelte, verbindlich formulierte Gegenposition zur vorangegangenen Lyrik bezeichnen. Ihre *Gedichte 1964-1967* besitzen die Kohärenz einer noch nicht abgeschlossenen Entwicklung. Das große Gedicht *Böhmen liegt am Meer* zeigt deutlich, wie gerade die Grenze des sprachlich Aussagbaren die (nicht nur) intellektuelle Sensibilität der Dichterin zu beheimaten weiß. „Grenzt hier ein Wort an mich," erklärt sie ihre neue Gedankensprache, „so laß ich's grenzen." (167) Das ist eine Sprachskepsis besonderer, sich selbstkritisch bescheidener Art. Die großen Themen der Bachmannschen Lyrik, ihre *Ausfahrt* und *Heimkehr* fließen (wiederum in sprachlicher Selbstmythologisierung) zusammen:

> Ich grenz noch an ein Wort und an ein andres Land,
> ich grenz, wie wenig auch, an alles immer mehr,
> ein Böhme, ein Vagant, der nichts hat, den nichts
>   hält,
> begabt nur noch, vom Meer, das strittig ist, Land
> meiner Wahl zu sehen.
>   (168)

Die Begrenzung der Sprache, unter der sie so lange gelitten hat, wird zur Beschränkung ihrer eigenen Identität. Die neue Dichtung ist ein „Vagant": besitzlos, unhaltbar, vorübergehend. Sie *will* viel weniger, ohne darob die vorangegangenen orphischen Werte zu negieren. Bachmann geht nicht der Ausdruck verloren, vielmehr entschließt sie sich zu einer gänzlich neuen Sprachmoral. Ihre letzten Gedichte handeln von verlorener und wiedergefundener Heimat und Liebe. Beide Erfahrungen bestimmen auch ihr Verhältnis zur Sprache. Einerseits mag es ihr das „Wort... verschlagen" (*Wahrlich*, 166), andrerseits entdeckt sie es in ihrer heimatlichen Liebe wieder (*Prag Jänner 64*):

> Seit jener Nacht
> gehe und spreche ich wieder,
> böhmisch klingt es,
> als wär ich wieder zuhause...
>   (169)

Diese Beheimatung in einer sich bescheidenen Sprache signalisiert Bachmanns neue Sprachethik. Ihr kritischer Selbstbezug in der Sprache ist eine Umorientierung, nicht nur die Überwindung ihres persönlichen Verlusts, sondern eine Absage an die delikaten „Sterbenswörter". (163) Sie hat ihre „Wortbegier" (162) in den letzten Gedichten hinter sich gelassen. Gerade das *Böhmen*-Gedicht veranschaulicht, wie sie sich in Abwesenheit neu zu beheimaten versteht.

Wie die „neue" Lyrik der reifen Bachmann hätte aussehen können, bezeugt außerdem das eindrucksvolle Gedicht aus dem Jahre 1967 *Eine Art Verlust*. Hier wird „unterschrieben", sich mit und an der Untertreibung identifiziert. Große Teile des Gedichts lesen sich absichtsgemäß wie eine Bestandsaufnahme, wie die scheinbar nüchterne Aufzählung geteilter Dinge und Erfahrungen. Es ist kein Zufall, daß diese Verse äußerst stark an den Roman *Malina* erinnern. Tatsächlich schrieb Bachmann ja zu dieser Zeit an dem Manuskript des ersten Teils ihres Romanzyklus' *Todesarten* (vgl. dazu den Brief der Dichterin an den Verleger Siegfried Unseld im Jahr 1967, 558). Es gelingt dem Gedicht, die Untertreibung (die bereits im Titel zum Ausdruck kommt) als Mittel der Steigerung zu verwenden. Die zunehmend am Schweigen geschulte Sprache markiert nunmehr einen Auslassungsprozeß. Das Leiden wird ausgeklammert, das Ungesagte (wesentlicher) Teil der Aussage. Gerade wegen dieser neuen Sprachdisziplin tritt das nurmehr Implizierte um so deutlicher in Erscheinung. Mit einer konsequenten Logik kann deshalb das Gedicht, dessen Thema die verlorene Liebe, genauer: der verlorene Geliebte ist, mit den Zeilen höchster Steigerung enden:

> Nicht dich habe ich verloren,
> sondern die Welt.
>   (170)

Das Pathos der Aussage ist sprachlich gedeckt; es ist ein „haltbarer Satz" (*Wahrlich*). Das Gedicht schließt mit einer summarischen Zusammenfassung der in repräsentativer Einzelheit aufgezählten Bestandteile einer (subjektiven) Welt. Hier sind wir von der früheren Sprachgebärde weit entfernt, der Glaube an das Wort hat sich entschieden gewandelt. Längst verbittet sich die Dichterin, ihre Verse mit einer sprachlichen Selbstanrufung zu beenden, wie das in *Rede und Nachrede* (1956) der Fall war:

> Mein Wort, errette mich!
>
> (117)

Statt dessen verkündet Ingeborg Bachmann mit ihren letzten Gedichten eine immer radikaler werdende Sprachskepsis, die in *Enigma* (1966/1967) und *Keine Delikatessen* (1963) mit der totalen Zurücknahme einer sich selbst genügenden Kunstsprache ihren Höhepunkt erlangt. Die Entstehungsdaten zeigen, daß sich dieser verlorene Sprachglaube auf die gesamten sechziger Jahre erstreckt. Die 1957 entstandenen Gedichte *Aria I* und *Freies Geleit (Aria II)* stehen mit ihrer lyrischen Dichte in scharfem Kontrast zur unmittelbar folgenden Nelly-Sachs-Hommage *Ihr Worte* (1961). Mit *Enigma* schrieb Ingeborg Bachmann die wohl bitterste Absage an ihr künstlerisches Medium. Es beginnt mit einem Zitat aus den Altenberg-Liedern von Alban Berg: „Nichts mehr wird kommen." (171) Im zweitletzten Vers wird ein dem Kinderchor der zweiten Symphonie von Gustav Mahler entstammendes Zitat in das Gedicht integriert: „Du sollst ja nicht weinen,/sagt eine Musik." (ebd.) Der zitathaften Vorraussage (die im zweiten und dritten Vers erweitert wird) stellt Bachmann die eigene Absage als (Schein?)Bestätigung an die Seite. Das ist noch eine, wenn auch radikal reduzierte Möglichkeit dichterischer Sprache: sie erschöpft sich in Zitaten, deren Aussage in totaler Selbstnegation nachgeschrieben wird. Die Liebessprache – auch *Enigma* handelt ja von verlorener Liebe – schweigt. Was bleibt, ist die Trauer um den Verlust, die sich in einer nüchternen Sprache ausklammert. Das Leiden täuscht seine Abwesenheit vor. Die Schlußzeilen des Gedichts:

> Sonst
> sagt
> niemand
> etwas.
>
> (ebd.)

stehen nochmals in bewußtem, wenngleich ohnmächtigem Widerspruch zu sich selbst. Das im Titel angesprochene Rätsel oder Geheimnis erstreckt sich somit auch auf das Gedicht: es zitiert und bestätigt die Unmöglichkeit einer Aussage, die dennoch gemacht wird. So ist *Enigma* insgeheim ein Protest. Was sich als Darstellung eines nüchternen Sachverhalts gibt, ist in Wirklichkeit eine „Anrufung", ein Bachmannscher Appell in „neuer Sprache."

Als letztes Gedicht erscheint in der Gesamtausgabe *Keine Delikatessen*. Obwohl bereits (vermutlich) 1963 entstanden, wurde es erstmals zusammen mit *Enigma, Prag Jänner 64* und *Böhmen liegt am Meer* im *Kursbuch 15*, November 1968 veröffentlicht. Es ist das uncharakteristischste Werk der Bachmannschen Lyrik. Vor allem der Einfluß Günter Grass' ist deutlich zu erkennen. 1965 sah das Erscheinen ihrer Büchner-Preis-Rede *Ein Ort der Zufälle* mit Zeichnungen von Günter Grass. Es ist selbstverständlich, daß Bachmann den deutschen Kollegen schon vordem auf literarischen Tagungen näher kennenlernte, vor allem aber, daß sie dessen eigenwilligen Gedichte seit geraumer Zeit kannte und schätzte. (*Die Vorzüge der Windhühner* und *Gleisdreieck* waren bereits erschienen, um 1965 arbeitete Grass gelegentlich an den Gedichten und Zeichnungen der Sammlung *Ausgefragt*, die dann 1967 erstmals veröffentlicht wurde.) Dabei läßt sich ein krasserer Unterschied lyrischer Temperamente und dichterischen Sprachgebrauchs kaum denken. *Keine Delikatessen* enthält nichtsdestoweniger Stellen, die überdeutlich an Grass' Gedichte (vor allem des Bandes *Ausgefragt*) erinnern. Nicht nur die zweitletzte Zeile: „(Soll doch. Sollen die andern.)" (173) trägt sein Gepräge. Der ganze Ton ist für Ingeborg Bachmann höchst ungewöhnlich, er ist – zumindest vorübergehend – bei Grass in die Schule gegangen.

> Soll ich
> einen Gedanken gefangennehmen,
> abführen in eine erleuchtete Satzzelle?
> Aug und Ohr verköstigen
> mit Worthappen erster Güte?
> erforschen die Libido eines Vokals,
> ermitteln die Liebhaberwerte unserer Konsonanten?
> (ebd.)

Möglicherweise sind auch die Zeilen des zweiten Verses eine Bezugnahme auf den von Bachmann verehrten Lyriker Paul Celan:

> Soll ich
> eine Metapher ausstaffieren
> mit einer Mandelblüte?
> die Syntax kreuzigen
> auf einen Lichteffekt?
> (172)

Aber das muß bloße Vermutung bleiben. Überhaupt kann es weniger darauf ankommen, angebliche „Einflüsse" – eines der fragwürdigsten Konzepte im Bereich der Literaturwissenschaft – im einzelnen konkret nachzuweisen. Von Bedeutung ist allein der gänzlich veränderte Tonfall, durch den sich die letzten Gedichte der Bachmann vom vorangegangenen lyrischen Werk unterscheiden. Sowohl *Keine Delikatessen* als auch *Eine Art Verlust* suchen ihre Negationen in einfachen Sätzen des (auch syntaktisch ausgedrückten) Widerspruchs mitzuteilen. „Nicht dich habe ich verloren, sondern die Welt," endet *Eine Art Verlust*. (170) „Ich vernachlässige nicht die Schrift,/sondern mich," lautet der entsprechende Satz in *Keine Delikatessen*. (173)

Bachmanns Lyrik schließt mit einer Absage an den von ihr bis in die späten fünfziger Jahre hinein praktizierten dichterischen Ausdruck. Der „schönen Sprache/im reinen Sein" (92) folgt eine immer ausgeprägtere Sprachskepsis, die sich zuletzt die ästhetische Dichte des lyrischen Sprachgebrauchs verbittet. Damit gerät Bachmann in einen schwerwiegenden Konflikt mit dem Hauptbestandteil ihrer Gedichte, obendrein mit dem Abschnitt ihres Schaffens, dem sie – zu Recht oder Unrecht – ihren literarischen Ruhm verdankt. Von ihren insgesamt 95 Gedichten lassen sich höchstens 9 auf das späte Sprachdilemma beziehen: die *Gedichte 1964-1967*, *Ihr Worte*, *Geh Gedanke* („Entsprich uns ganz!", 157) und *Exil*. Trotz der Schlußzeile des Gedichts *Keine Delikatessen*: „Mein Teil, es soll verloren gehen." (173) steht es nicht an, daraus ihre Verleugnung des lyrischen Hauptwerkes abzuleiten. Gewiß ist nur soviel: Ingeborg Bachmanns Suche nach einer „neuen Sprache" endet in der Lyrik in einem (leidvollen) Verstummen. Ob die Sprachskepsis ihrer letzten Gedichte nur eine vorübergehende Krise hätte sein können, muß unbeantwortet bleiben. Immerhin sind aus den letzten sechs Jahren ihres Lebens keine weiteren Verse erhalten; seit 1968 ist die Lyrikerin Bachmann vollkommen verstummt. Die sieben Jahre davor bringen insgesamt nur sieben Gedichte, die alle – wenn auch in unterschiedlicher Weise –

den verlorenen Glauben an eine lyrische Sprache bezeugen. (In *Böhmen liegt am Meer* sind nichtsdestoweniger Anzeichen einer „neuen" Lyrik zu erkennen. Das Gedicht – eines der gelungensten Ingeborg Bachmanns, nicht nur aus dieser Zeit – zeigt, welche Richtung ihre allfällig wiedereinsetzende Lyrik hätte einschlagen können.) Für die Bachmann-Rezeption und -Forschung jedoch sollte sich aus diesem Tatbestand vor allem eines deutlich ergeben: es kann nicht angehen, diese österreichische Dichterin auf ihr lyrisches Werk beschränken zu wollen, wie das noch immer weitgehend geschieht. Zwar ist erst im Jahre 1961, also zum Zeitpunkt, da die Krise in ihrer Lyrik einzusetzen beginnt, ein Band Erzählungen (*Das dreißigste Jahr*) gesondert erschienen. Doch wurden diese Erzählungen alle bereits in den Jahren 1956 und 1957 geschrieben. Ungleich wichtiger ist die Tatsache, daß Ingeborg Bachmann seit dem Jahr 1945 (also seit Beginn ihres Studiums) *regelmäßig* Prosatexte entworfen hat. Zwischen 1947 und 1951 arbeitete sie an einem inzwischen verschollenen Roman, *Stadt ohne Namen*. Zählt man das Fragment aus diesem Werk, *Der Kommandant*, (wie die Gesamtausgabe) den Erzählungen zu, so sind nicht weniger als zehn Prosawerke, abgesehen von der Jugenderzählung *Das Honditschkreuz* (1944), gesondert zu verzeichnen. Insgesamt sind 25 Erzählungen Ingeborg Bachmanns erhalten geblieben, davon fallen 18 vor die Lyrik-Krise des Jahres 1961. Die Gedichte, auch die frühen aus den Jahren 1948-1953, sind also stets zu Zeiten entstanden, in denen Bachmann auch an Prosatexten arbeitete. Lediglich ein Jugendgedicht („*Ich.*") aus den Jahren 1942/1943 geht den Erzählungen voran. Bedenkt man, daß die Autorin schon vor dem Abschluß des Erzählbandes *Das dreißigste Jahr* den Plan zu einem mehrbändigen Romanwerk gehegt und daß sie seit 1961 an diesem Großunternehmen (*Todesarten*) gearbeitet hat, daß die Kapitel I und III des unvollendeten Romans *Der Fall Franza* bereits im März 1966 als Hörfunkaufnahme veröffentlicht wurden und daß *Requiem für Fanny Goldmann* 1966 zunächst als Erzählung außerhalb des *Todesarten*-Zyklus vorgesehen war, so kann die Bedeutung ihrer anhaltenden Prosaarbeit schlechterdings kaum überschätzt werden. Das Jahr 1972 sah außerdem die Veröffentlichung eines zweiten Erzählbandes (*Simultan*), dessen Texte zum Teil bis in den Sommer 1968 zurückreichen. Zwischen den Bänden *Das dreißigste Jahr* und *Simultan* erschienen zwei weitere Prosatexte: die wahrscheinlich um 1965 geschriebene, unvollendete Skizze *Der Tod wird kommen* und der Entwurf *Besichtigung einer alten Stadt*, der ursprünglich dem Roman *Malina* zugehörig war. Man wird also bei der Charakterisierung der Bachmannschen Sprachkrise vorsichtig sein müssen. Obwohl sich ihre Zweifel am sprachlichen Medium schon früh äußerten und auch auf die Prosawerke erstreckten (vgl. vor allem die Erzählungen der Sammlung *Das dreißigste Jahr*), kommt es nur in der Lyrik zu einem tatsächlichen Verstummen. Da Ingeborg Bachmann immer schon Prosatexte und Gedichte nicht nur zeitlich nebeneinander verfassen konnte, wäre es Unsinn, die Sprache ihrer Romane und Erzählungen für die Anfang der sechziger Jahre einsetzende Krise im lyrischen Schaffen verantwortlich machen zu wollen. Unleugbar ist jedoch, daß mit der anhaltenden Arbeit an den *Todesarten* die Lyrik zunächst zurücktritt und dann völlig verstummt. Das mag zum Teil am Ausmaß dieses literarischen Großunternehmens liegen. Die Arbeit am Romanmanuskript dürfte Bachmann vollste Konzentration abverlangt haben. Ob auch Einflüsse anderer Schriftsteller-Kollegen, beispielsweise des von ihr verehrten Paul Celan, zum Verstummen des lyrischen Werkes beigetragen haben, läßt sich im einzelnen nicht nachweisen. Möglicherweise haben auch Max Frisch und ihr jüngerer Landsmann Thomas Bernhard Bachmanns Entwicklung zur ausschließlichen Prosa gefördert. Zumindest ließe sich die Vermutung aufstellen, daß das intime Verhältnis zu Frisch künstlerische Nachwirkungen mit sich brachte. Ein Stilvergleich zwischen *Homo faber* oder *Mein Name sei Gantenbein* und den *Todesarten* (nicht nur *Malina*, vor allem auch dem Gegenstück zu *Homo faber*, dem unvollendeten Roman *Der Fall Franza*) steht bislang noch aus. So muß es einstweilen Hypothese bleiben, daß Bachmann bei Frisch formstilistisch in die Schule gegangen ist. Mit ihrem Landsmann Bernhard hingegen teilt sie die sprachtautologische Darstellung eines tödlichen Prozesses. Entscheidend ist indes die Tatsache, daß die Sprachkonflikte, die Bachmann von Anfang an mit in ihre lyrische Dichtung aufzunehmen vermochte, sie zum voll integrierten Bestandteil, gelegentlich zur thematischen Auseinandersetzung ihrer Gedichte machte, mit dem Einsetzen der Arbeit an der Roman-Trilogie in der Prosa ausgetragen werden. Bachmanns Rede zur Verleihung des Anton-Wildgans-Preises am 2. Mai 1972 endet mit einer Erklärung, die dem Leser ihrer Lyrik bekannt vorkommen mußte. Das 1961 veröffentlichte Gedicht *Ihr Worte (Für Nelly Sachs, die Freundin, die Dichterin, in Verehrung)* schließt mit den Zeilen:

> Kein Sterbenswort,
> Ihr Worte.
>
> (163)

Wir glaubten darin die Markierung eines Wendepunkts in Bachmanns Sprachverständnis, das Einsetzen einer entscheidenden Krise erkennen zu können. Die Rede zur Verleihung des Anton-Wildgans-Preises zitiert die Schlußzeilen des elf Jahre zuvor geschriebenen Gedichts:

> Die Sprache ist die Strafe. Und trotzdem
> auch eine Endzeile: Kein Sterbenswort, ihr
> Worte.
>
> (297)

Ingeborg Bachmann dankt und weist sich aus im Selbstzitat. Es sind nach ihrem persönlichen Verständnis „die kristallinischen Worte" (ebd.), die in der Rede nicht vorkommen. In der eigenen Rede erscheinen sie dennoch als Zitat. „Sie sind das Einmalige, das Unwiederholbare, sie stehen hin und wieder auf einer Seite Prosa oder in einem Gedicht." (ebd.) Im zweiten Teil unserer Darstellung soll, von der Wildgans-Preis-Rede ausgehend, der Versuch gemacht werden, die Verbindung zwischen Lyrik und Prosa, die Erzählform des Selbstzitats und die weitere Gestaltung des Sprachkonflikts aufzuzeigen.

2.

Anfang und Mitte der fünfziger Jahre schrieb Ingeborg Bachmann die Texte *Das Gedicht an den Leser* und *Wozu Gedichte?* Es war die Zeit ihrer großen Lyrik, in die vor allem die Sammlung *Anrufung des Großen Bären* (1956) fällt. Erwartungsgemäß bekennt sich die Dichterin leidenschaftlich zu ihrem lyrischen Werk. Sie glaubt in diesen Jahren, „daß, wer Gedichte schreibt, Formeln in ein Gedächtnis legt, wunderbare alte Worte für einen Stein und ein Blatt, verbunden oder gesprengt durch neue Worte, neue Zeichen für Wirklichkeit...". (303) Wie ihre eigenen Gedichte verbindet sie alte und neue Worte, die grundlegende Natur mit neuen Zeichen. Zuversichtlich plädiert sie für die Fortsetzung eines traditionellen Selbstverständnisses der Lyrik.

Eineinhalb Jahrzehnte später sind die wunderbaren alten Worte Sterbensworte ihres großen Prosawerks *Todesarten* geworden. Der Sprachkonflikt, der Anfang der sechziger Jahre dahin führt, daß ihre Lyrik allmählich zu verstummen beginnt, hat tiefe persönliche Ursachen, die in der Romantrilogie inhaltlich und formal fiktionalisiert werden. Wenn sich eine Schriftstellerin wie die Bachmann so vollständig und unbedingt mit einem selbstverfaßten Sprachkunstwerk identifiziert, wird sich nicht zuletzt auch ihr gesellschaftliches Verhalten in solcher Dichtung niederschlagen. Wer sich so ausschließlich als gestaltete Sprache begreift, wird diese Sprache zum Ausdruck sozialer und persönlicher Beziehungen werden lassen. Bachmanns Gedichte und Erzählungen projizieren das Selbstverständnis ihrer Autorin: sie entwerfen eine Gestalt der Sprache, die Sprache gestaltet. In der Anton-Wildgans-Preis-Rede erklärt Bachmann: „ich existiere nur, wenn ich schreibe, ich bin nichts, wenn ich nicht schreibe, ich bin mir selbst vollkommen fremd, aus mir herausgefallen, wenn ich nicht schreibe." (294) Dennoch bestimmt sie am Ende: „Die Sprache ist die Strafe." (297) Die Strafe wofür? Die künstlerische Selbstgenügsamkeit, die Ingeborg Bachmann auch gesellschaftlich zu leben suchte, mußte zur Einsamkeit und zu Enttäuschungen führen. Letztlich vermochte Ingeborg Bachmann nur, sich zu sich selbst in Beziehung zu setzen. Alle ihre menschlichen Verhältnisse wurden von ihr literarisiert; sie lebte eine bedingungslose Literatur. Bachmanns Sprachkrise der sechziger Jahre reflektiert in paradigmatischer Weise den gesellschaftlichen Konflikt, in dem sich die Autorin damals befand. Gemeint sind nicht nur ihre bekannten (und berüchtigten) „Auftritte" in der Gesellschaft und das darauf folgende Sichzurückziehen, die Schwierigkeiten der Dichterin, sich sozial zu orientieren. Mit einbezogen werden in diesen Konflikt müssen bei aller gebührenden Zurückhaltung die unglücklichen Liebesbeziehungen zu Hans Werner Henze, Max Frisch und Hans Magnus Enzensberger, mit denen Bachmann das Wagnis eingegangen ist, sich im anderen, in geteilter Gemeinsamkeit zu verwirklichen. Bereits in der 1960/1961 entstandenen Erzählung *Undine geht* ist der biographische Bezug zum geliebten und gehaßten „Hans" nicht zu übersehen. Um 1957 dürfte das bittere Liebesgedicht *Bruderschaft* entstanden sein. Auch dessen erste Strophe nimmt auf die Enttäuschung und Vergewaltigung einer Liebe Bezug:

> Alles ist Wundenschlagen,
> und keiner hat keinem verziehn.
> Verletzt wie du und verletzend,

lebte ich auf dich hin.

(150)

Freilich fällt in die gleiche Zeit das Gedicht *Liebe: Dunkler Erdteil*, das den Eros der Gewalt verherrlicht. Die Liebe wird als eine „Todesart" erfahren. Das angesprochene Du der Verse ist die (Selbst)Anrede an die Frau. Bezeichnenderweise wird der geschlechtliche Kontakt als Sprachverlust erlebt. Das Land der Liebe ist ein „dunkler Erdteil", das Afrika der Wortlosigkeit, der „Todesort":

> Aus allen Dschungelnischen: Seufzer, Schreie.
> Er hebt den Fetisch. Dir entfällt das Wort.
> Die süßen Hölzer rühren dunkle Trommeln.
> Du blickst gebannt auf einen Todesort.

(158)

Indes ist dieser Todesort sie selbst; es handelt sich unmißverständlich um einen Bezug auf die eigenen Genitalien. Immer wieder orientiert sich Bachmann an diesen beiden Polen: im „Wundenschlagen" einer seelischen Verletzung sehnt sie sich nach Liebe, in der Liebe jedoch erleidet sie die Vergewaltigung des Sprachverlusts. Hier also liegt der Kern ihres charakteristischen Dilemmas. An diesem ungelösten Widerspruch weist sie sich aus. Die fast leitmotivisch wiederkehrende „Schuld" der frühen Gedichte schließt einen (bewußten oder unbewußten) Bezug auf ihre widersprüchliche Sexualität mit ein. Später wird „die Sprache...die Strafe." (297) Bachmanns Sprache spricht im Grunde stets nur zu sich selbst, sie ist der Ausdruck ihres Allein-Seins. Die Asozialität eines solchen Umgangs mit der Sprache hat Bachmann deutlich erkannt. „Wenn ich...schreibe," bemerkt sie in der Wildgans-Preis-Rede, „...sieht mich niemand dabei...Es ist eine seltsame, absonderliche Art zu existieren, asozial, einsam, verdammt, es ist etwas verdammt daran...". (294) Schuld und Strafe fallen in dieser Verdammnis des Schreibens zusammen. Die Sprache ist aber auch im Bachmannschen Sinne das Gegenteil eines spontan sinnlichen Ausdrucks der Liebe. So kann auch sie zu einem „Todesort" werden, „die schöne Sprache" (92) zum „Sterbenswort." (297) Sprache und Eros bleiben widersprüchlich aufeinander bezogen. Ihr weseneigener Konflikt wird nicht aufgelöst, sondern inhaltlich und formal akzentuiert. So schwebt Bachmann beständig zwischen dem Eros der Sprache und der Sprache des Eros. Beiden weiß sie sich verfallen, beide erweisen sich als Vergewaltigungen. Ihr größter Versuch, sich in solcher Spannung selbst zu finden, sich gegensätzlich auszuweisen, sich sprachlich und erotisch gleichermaßen zu identifizieren, ist der Entwurf einer fiktionalen Eigenständigkeit, die künstlerische Gestaltung einer sinnlich-formalen Selbstgenügsamkeit, das erzählerische Muster eines Eros des sich selbst reflektierenden Ichs. Die Erzählbände *Das dreißigste Jahr* und *Simultan* enthalten mehrere Ansätze zur Darstellung einer derartig widersprüchlichen Eigenliebe. Aber erst in *Malina* kommt es zur anhaltenden Auseinandersetzung mit diesem Kernproblem des Bachmannschen Werks. Das Ich zwischen Sprache und Gewalt thematisiert sich im Roman in drei Stufen: der Liebe zum Mann („Glücklich mit Ivan"), der Angst vor der Vergewaltigung durch den Mann, dargestellt am Vater-Komplex („Der dritte Mann") und der Einverleibung der „männlichen" Gewalt im eigenen Ich („Von letzten Dingen"). In der Gestalt Malinas verkörpert Bachmann zunächst den alternativen männlichen Liebhaber, der jedoch mehr und mehr zum dialogischen Alter ego der widersprüchlich liebenden Dichterin wird, bis am Ende des Romans die Schizophrenie aus Gewaltsamkeit und Liebe personifiziert in Erscheinung tritt. Malina ist mithin nichts anderes als die fiktionale Personifizierung des Bachmannschen Bewußtseins, die erzählerische Gestalt eines Selbstbezuges.

Was als erstes ins Auge fällt, ist die deutlich dramatische Aussageform des Romans *Malina*. Er beginnt mit einer Liste der Dramatis Personae und der dazugehörigen Ort- und Zeitbestimmung. Ironisch spielt Bachmann mit den Einheitskonzepten des klassischen Dramas:

> Wenn ich also weniger zufällig, sondern unter einem furchtbaren Zwang zu dieser Einheit der Zeit gekommen bin, so verdanke ich die Einheit des Ortes einem milden Zufall, denn nicht ich habe sie gefunden.
>
> (13)

Die Ironie motiviert und legitimiert sich aus der besonderen Form dieses epischen Dramas. In Anlehnung an Max Frisch, doch unter wesentlich veränderten Vorzeichen, inszeniert die Erzählerin ihr eigenes Ich-Theater. Sie leistet sich selbst Gesellschaft. Insofern es sich also um ein Drama in Romanform handelt, haben wir es mit den „inneren" Konflikten eines Seelendramas zu tun. *Malina* ist die epische Gestaltung einer Neurose, einer schizophrenen Bewußtseinsspaltung. Die soziale Relevanz eines solchen Psychogramms dürfte in der Repräsentanz der Protagonistin liegen. Das erzählerische Ich nimmt gelegentlich die stellvertretende Identität der Frau schlechthin an. In ihrer Rede zur Verleihung des Anton-Wildgans-Preises bezeichnet Ingeborg Bachmann den Akt des Schreibens selbst als „asozial" und „einsam" (294) und fährt fort: „nur das Veröffentlichte, die Bücher, werden sozial, assoziierbar, finden einen Weg zu einem Du...". (294-295) Die Individualität des Schreibens wird so (für sie) bewahrt, ohne daß das Geschriebene seine gesellschaftliche Gültigkeit verlöre. In *Malina* wird dieser persönliche Schreibprozeß selbst zum Thema, zur zentralen Auseinandersetzung des Buches. Schreiben ist die dramatische Reflexion, der fiktionale Dialog mit dem eigenen Ich. Das Verhältnis des Ichs zu sich selbst muß bereits als die Grundform sozialen Verhaltens erkannt werden. Es ist eine banale Tatsache, daß das Selbstbewußtsein immer auch die Einstellung zur Gesellschaft prägt. In Bachmanns Roman erfolgt ein sozialer Kontakt im Verhältnis der Ich-Erzählerin zu ihrem erfundenen Doppelgänger Malina, in dem Versuch einer gegenseitigen Selbstverwirklichung in Liebe („Glücklich mit Ivan") und in einem nichtsexuellen Geschlechtsbezug der eigenen Herkunft („Der dritte Mann"). Mit den Stufen Ich, Elterngestalt und Geliebter ist die Dynamik des gesellschaftlichen Prozesses durchaus erfaßt. Überdeutlich erteilt Bachmann der Gestalt Ivan eine Vater- und Familienrolle zu; entsprechend absichtsvoll wird in der Begegnung mit den Kindern Béla und András die Möglichkeit eines neuen Familienbezuges ernsthaft erwogen. Malina ist ständiger Zeuge aller Phasen der Ich-Sozialisierung. Er wird zur Projektionsgestalt des erzählerischen Ichs, er ist der Beichtvater und Trostspender in der alpträumerischen Auseinandersetzung mit dem Vater, und er ist der geheime, allgegenwärtige Bezugspunkt der Liebe zu Ivan. Als doppelgängerische Bewußtseinsgestalt bleibt Malina allzeitig zugegen.

Schon die Art, wie er erstmals im Roman vorgestellt wird, veranschaulicht die spielhafte Inszenierung des Bachmannschen Ich-Theaters. Die volle Bedeutung ihres Bewußtseinsspiels wird erst aus einem rückwärtigen Lesen, bei der zweiten Lektüre erkennbar.

> Meine Beziehung zu Malina hat jahrelang aus mißlichen Begegnungen, den größten Mißverständnissen und einigen dummen Phantastereien bestanden — ich will damit sagen, aus viel größeren Mißverständnissen als die zu anderen Menschen. Ich war allerdings von Anfang an *unter* ihn gestellt, und ich muß früh gewußt haben, daß er mir zum Verhängnis werden müsse, daß Malinas Platz schon von Malina besetzt war, ehe er sich in meinem Leben einstellte.
>
> (17)

Die unabhängige, selbständige Existenz einer intellektuellen Vorstellung ist ihrerseits eine Idee, die Bachmann temperamentsmäßig charakterisiert. Immer schon ging es ihr um die Versinnlichung des Gedankens, wie andrerseits auch um die Intellektualisierung der sinnlichen Natur. Dem daraus resultierenden Konflikt verdanken wir die bewegenden Zeilen des Gedichts *Erklär mir, Liebe:*

> sollt ich die kurze schauerliche Zeit
> nur mit Gedanken Umgang haben und allein
> nichts Liebes kennen und nichts Liebes tun?
> Muß einer denken? Wird er nicht vermißt?
>
> (110)

Dieser (scheinbare) Widerspruch zwischen Denken und Fühlen weist Ingeborg Bachmann aus. Der fiktionale Charakter Malina ist Denk- und Gefühlsgestalt in einem. Schreiben bedeutet Bachmann sinnliches Denken und durchdachte Versinnlichung. Sie entwirft sich eine Erzählgestalt, deren Fabel Ausdruck ihres eigenen Denkens, ja speziell ihrer gedanklichen (und erotischen) Eigenreflexion wird. Die Entdeckung, „daß Malinas Platz schon von Malina besetzt war" (17), ist ein (durchaus selbstkritischer) Eigenbezug auf die dichterische Sensibilität, deren Phantasie die gesellschaftliche Wirklichkeit zu ersetzen oder zu überwinden sucht. Die „dummen Phantastereien" (ebd.) beziehen sich also auf die Verselbständigung vorgestellter Eigenbezüge.

Den Angaben der Romaneinleitung zufolge müßte es sich bei Malina ausschließlich um einen Familiennamen handeln. Dem Leser wird da von dem Begräbnis der „Maria Malina" berichtet; aus der Zeitung erfährt die Erzählerin: „Unter den Trauergästen habe sich der Bruder der Malina befunden, der hochbegabte, junge, bekannte Schriftsteller, der nicht bekannt war...". (19) Die Schwester ist bezeichnenderweise Schauspielerin. Der „bekannte...nicht bekannte" Schriftsteller erweist sich als fiktionales Double der Schriftstellerin Ingeborg Bachmann. Bei einem zu bekannten Malina wäre sein Platz bereits „von ihm selbst eingenommen". Eine solche Eigenständigkeit darf ihm von der Erzählerin jedoch nicht zuerkannt werden. Abgesehen von der Einleitung wird Malina de facto als Vorname verwendet, ein Name übrigens, der auch unter Berücksichtigung seiner slawischen Abstammung im Deutschen eher weiblich anmutet. Nach dem Ausgeführten ist es ferner kein Zufall, daß die Ich-Erzählerin und Malina auch geographisch (und damit kulturell) gleicher Herkunft sind. So erfahren wir, „daß Malina nicht aus Belgrad kommt, sondern nur von der jugoslawischen Grenze, wie ich selber...". (20) Beide teilen sich eine Grenzlandexistenz. Indes ist es nicht nur die Gleichheit des Ursprungs und die Ähnlichkeit der (z.B. literarischen) Interessen, die Malina und das Erzähl-Ich zueinander in Beziehung setzen. Denn Malina ist zugleich als Ergänzung des unvollständigen weiblichen Ichs gedacht, als ein komplementäres Gegenüber, als ein die Individualität der Protagonistin stärkender, sie in ihrer Andersartigkeit erhaltender und in ihrer Eigenständigkeit unterstützender Wunschpartner. Die Erzählerin spricht von „der Festigkeit seiner Existenz und der Unfestigkeit der meinen." (22) Einmal heißt es in erzählerischer Spiegelreflexion, daß sie sich vorkommt wie eine „unvermeidlich dunkle Geschichte, die seine Geschichte begleitet, ergänzen will." (22-23) Die Einleitung des Romans will ja nichts anderes als den vorgefaßten Entschluß zur (literarisierten) Darstellung des eigenen Lebens motivieren. Aber auch dazu bedarf es der Gutheißung Malinas, denn solche Selbstgestaltung der Erzählerin erweist sich stets als Doppelgeschichte: sie besteht aus fiktional veräußerlichten Ich-Bezügen. Die komplementäre Bewußtseinsgestalt dieses Ichs indes ist niemand anders als Malina. Es geht in Bachmanns Roman um die Erzählbarkeit des eigenen Lebens, um das Verhältnis zwischen Fiktion und Selbstbewußtsein, um die Vorstellung und Verwirklichung des Ichs. Ein Thema also, das wiederum an Max Frisch gemahnt, hier jedoch in seiner spezifisch weiblichen Variante. *Malina* ließe sich insofern durchaus als eine Gegenversion zu Frischs Roman *Mein Name sei Gantenbein* (streckenweise auch zu *Stiller*) begreifen: protagonistische Ich-Variationen, diesmal von der Frau entworfen. Auch bei Bachmann prallen Eigenvorstellung und (gesellschaftliches) Bildnis aufeinander. Ihr Roman setzt subjektive Verinnerlichung und objektive Gesellschaft in ein paradigmatisches Spannungsverhältnis. Schon in der Einleitung zeichnet die Autorin vorübergehend ihren Verlust der Identität in der Gesellschaft. Während „einer mehrstimmigen Diskussion über den Zusammenbruch der Monarchie, die Zukunft des Sozialismus...war die Musik schon zugrunde gegangen im Geschrei, und ich ohne mich, weil ich sonst nichts mehr hören wollte." (26-27) Andrerseits ist gerade die Projektionsgestalt Malina Ausdruck eines sich sozialisierenden Ichs, zugleich freilich der Gefahr, den gesellschaftlichen Liebespartner Ivan in subjektiver Verinnerlichung zu verpassen. Bachmanns Erzählwerk handelt von der Problematik menschlicher Beziehungen, es ist schon allein deswegen ein Gesellschaftsroman.

Malina ist zugleich, wie alle „Todesarten", der Roman einer Vergewaltigung. Sowohl die Gesellschaft als auch das sich ihr verweigernde Ich vergewaltigt menschliche Beziehungen. „Die Gesellschaft," erklärt die Erzählerin einmal, „ist der allergrößte Mordschauplatz." (276) Dagegen ist die in ihrer Erfindung dem eigenen Ich angemessene Gestalt Malina ihrerseits ein Mörder. Gegen Ende des Romans bemerkt die Autorin: „Ich habe in Ivan gelebt und ich sterbe in Malina." (335) Malina mordet Ivan, er personifiziert eine Gewalt, die gesellschaftliche Liebe verunmöglicht. Auch der Erzählversuch selbst — der Versuch, sich gesellschaftlich mitzuteilen — wird wiederholt vergewaltigt. „Ich muß erzählen. Ich werde erzählen. Es gibt nichts mehr, was mich in meiner Erinnerung stört." (23) So entschlossen beginnt die Einleitung des Romans. Sie schließt in charakteristischem Widerspruch: „Ich will nicht erzählen, es stört mich alles in meiner Erinnerung." (27) Erzählenkönnen bedeutet soziale Kommunikation, die Gelegenheit, sich im eigenen Ausdruck gesellschaftlich mitzuteilen. Es ist also die Auflösung des thematischen Konflikts, die Verbrüderung Ivans und Malinas, die Harmonisierung von Vorstellung und Wirklichkeit. Die Frage ist, ob es der Protagonistin (als fiktionalisierte Autorin) gelingt, sich erzählerisch auszuweisen. Obwohl der Roman auf banaler Ebene als abgeschlossen gelten kann, wird der Erzählprozeß immer wieder gewaltsam unterbrochen. Von einer harmonischen Einheit kann nicht die Rede sein. Es wird vielmehr phasenhaft, stufenförmig und fragmentarisch erzählt. Die Störungen stammen sowohl von Ivan als auch von Malina, das heißt: sie sind ein Ausdruck des gesellschaftlichen Konflikts der Erzählerin. Zugleich reflektieren sie eine widersprüchliche, mißverständliche und unerfüllt bleibende Liebe. Ivan hofft, daß der Entwurf einer Trilogie des Mordes unter dem Titel *Todesarten* verworfen wird. Bachmann nimmt hier also in geradezu „schwanzbeißender" Weise auf die Genese ihres eigenen Romanmanuskripts Bezug. Wenn sie von Ivan berichtet, wie er sich wünscht, „daß ich nichts über die drei Mörder schreibe und das Elend nicht vermehre, in keinem Buch" (55), so ist das nichts anderes als ein in die Fiktion integrierter Versuch, kritische Reaktionen auf das im Entstehen begriffene Werk zu antizipieren. Die Autorin weiß indes genau, was sie will. Der Abschnitt endet denn auch mit der Erklärung: „ich höre ihm schon nicht mehr zu." (ebd.) Das Buch, das Ivan von ihr erwartet, das EXSULTATE JUBILATE, das er sich wünscht, wird später als ein Versprechen der Liebe in Aussicht gestellt. An-Sätze dieses (wie ihre Liebe zu Ivan) unvollständig bleibenden Buchs der Freude finden sich über das erste Kapitel verstreut. (121, 136, 138, 140-141, 151-152, 166) Die Erzählerin verspricht ihrem Geliebten: „Ich werde dieses Buch, das es noch nicht gibt, für dich schreiben" (82), doch das Versprechen wird beiderseitig nicht eingelöst. Das Buch, das als Ausdruck ihrer Liebe verstanden werden will, bleibt unvollständig; es tritt immer mehr in den Hintergrund, bis es durch den anderen Erzähltext völlig erstickt wird. Harmonisches Erzählen entspräche einer Verwirklichung der Liebe. Doch „Glücklich mit Ivan" erweist sich als bloßes Kapitel; das Glück in der Liebe bleibt episodenhaft, es wird von gewaltsamen Vorstellungen verraten. Entsprechend zeigt das Ende des zweiten Kapitels, wie gesellschaftliche Vergewaltigungen die Vorstellungskraft der Erzählerin bestimmen. Dort protestiert sie: „man kann doch nur erzählen, was man sieht, und ich habe dir genau erzählt, wie es mir gezeigt worden ist..., daß man hier eben nicht stirbt, hier wird man ermordet." (236) Gesellschaftliche Gewalt beeinträchtigt den Erzählprozeß. Bachmann motiviert hier ganz nebenbei den literarischen Stil einer gewalttätigen Gesellschaft. Im letzten Kapitel spitzt sich die Erzählproblematik weiter zu. „Ich erzähle nicht, ich werde nicht erzählen, ich kann nicht erzählen, es ist mehr als eine Störung in meiner Erinnerung," (261) erklärt die Protagonistin ihrem Doppelgänger Malina in einem ihrer dramatischen Dialoge. Nur wenig später heißt es in einer nicht dramatisierten Eigenreflexion: „Es ist Malina, der mich nicht erzählen läßt." (265) Die Krise zwischen Malina und der Erzählerin umschreibt den Konflikt zwischen fiktionaler und gesellschaftlicher, literarischer und historischer Geschichte. In einem Dialog mit musikalischen Ausdruckszeichen bemüht sich die Autorin um eine diesbezügliche Erläuterung: „Ich wollte erzählen, aber ich werde es nicht tun. (mesto) Du allein störst mich in meiner Erinnerung. (tempo giusto) Übernimm du die Geschichten, aus denen die große Geschichte gemacht ist. Nimm sie alle von mir." (332) Die Erzählerin sucht ihre Geschichten Malina zu überantworten. Ihm soll es auferlegt sein, sie gesellschaftlich zu verwirklichen, das heißt: sie mit der Gewalt in Einklang zu bringen. *Malina* ist die nicht zustandegekommene Erzählung eines Ichs, der Titel des Romans nimmt auf diese Tatsache Bezug (vgl. 265). Am Ende bekennt sich Ingeborg Bachmann zu einer Gestalt, die sowohl ihre Liebe als auch ihre Kunst beeinträchtigt und möglicherweise verunmöglicht hat. Malina ist die Personifizierung jener mörderischen Verdammnis, die Ingeborg Bachmann in ihrer Anton-Wildgans-Rede als Wesenscharakter des Schreibens gekennzeichnet hat. „Es ist ein Zwang, eine Obsession, eine Verdammnis, eine Strafe." (295) Darin kennzeichnet sich auch ihr Verhältnis zur fiktionalen Projektionsgestalt Malina. Was sie jedoch in ihrer Preis-Rede verschweigt, gestaltet sie um so nachdrücklicher im Roman: die mit diesem Zwang, mit dieser Obsession, Verdammnis und Strafe verbundene Liebe. In zumindest ansatzhaft selbstkritischer Weise stellt das Erzählwerk die Frage, die der Bachmannschen Dichtung tatsächlich vorgehalten werden muß. Ist ihre Kunst, die sich aus dem Verhältnis zur Eigenreflexion ableitet, nicht auch ihrerseits eine „Todesart"? Bedeutet Malinas „Mord" (337) an Ivan nicht auch ein tödlicher Eigenbezug, der die geschichtliche Gesellschaft vergewaltigt? Geht die Verinnerlichung des Ichs und die wesensgemäße Eigenständigkeit des literarischen Werks nicht auf Kosten einer lebendigen Verwirklichung im gesellschaftlichen, darunter auch intimen Umgang mit anderen Menschen? Wird hier nicht Literatur zum Partnerersatz? Im zweiten Kapitel findet sich ein in diesem Zusammenhang enthüllender Abschnitt, in dem die Erzählerin solche persönliche Partnerschaft mit dichterischen Werken pflegt:

> Gute Nacht, meine Herren, gute Nacht, Herr Voltaire, gute Nacht, Fürst, wünsche wohl zu ruhen, meine Dichter unbekannt, schöne Träume, Herr Pirandello, meine Verehrung, Herr Proust. Chaire Thukydides! Zum erstenmal sagen die Herren heute gute Nacht zu mir, ich versuche ihnen vom Leib zu bleiben, damit

sie keine Blutflecken bekommen. Gute Nacht, sagt Josef K. zu mir.
(184)
In der Wildgans-Rede wird die Selbständigkeit der Dichtung theoretisch postuliert. Über den Schriftsteller heißt es dort: „was nicht in seinen Büchern steht, existiert nicht." (296) Das Fragwürdige einer Ästhetik der Werkimmanenz ist seit langem deutlich geworden. Für den Autor selbst bedeutet sie ein grundsätzlich fetischistisches Verhältnis zum eigenen Werk, eine Erotik der Ich-Reflexion, ein künstlerischer Narzißmus. Der Umgang mit der Literatur kann so zum Ausdruck einer gesellschaftlichen Verkümmerung werden.

Nicht übersehen werden darf der Unterschied in der formalen Bezugnahme auf Ivan und Malina. Während im ersten Kapitel gedichtartig ausgewiesene Satzfragmente das Verhältnis zu Ivan wiederzugeben suchen, deuten im zweiten und dritten Kapitel die (ebenfalls in entsprechender Textgestaltung wiedergegebenen) dramatischen Dialoge das Ich-Theater mit Malina an. Kein einziges Mal kommt es im Ivan-Kapitel zur Inszenierung des Ichs als Dramatis Personae. Hier sucht sich die Erzählerin in ihrer Verliebtheit gesellschaftlich zu verhalten. Der Mann ist kein gedanklicher, sinnlicher oder fiktional projizierter Doppelgänger. Es ist bezeichnend, daß Ivan die Erzählerin zu sozialem Umgang zwingt. So heißt es zu Beginn eines Abschnitts: „Ivan und ich haben Freunde und außerdem Leute...Mit den Freunden und den Leuten müssen wir abwechselnd essen gehen...". (39) Paradoxerweise wird dieses soziale Leben als geteilte Trennung erfahren. Dagegen bedingt die Übereinstimmung zwischen Malina und der Erzählerin die intime Entzweiung im formmanipulierten Dialog. Die Paradoxie des Verhältnisses zu ihren beiden Liebhabern drückt die Autorin einmal geradezu formelhaft aus: „Ivan und ich: die konvergierende Welt. Malina und ich, weil wir eins sind: die divergierende Welt." (126) Erst aus der Übereinstimmung mit sich selbst vermag sie die Fiktion eines gesellschaftlichen Bezuges herzustellen. Die Umkehrung dieses Satzes ist für Ingeborg Bachmann von programmatischer Bedeutung: sie begreift ihr Werk als eine Form der Vergesellschaftung, durch die sie sich nichtsdestoweniger als Individuum identifiziert.

Aufschlußreich sind auch die Versuche der Erzählerin, ihre Anreden an Ivan und Malina zu charakterisieren. Während ihr Du für Malina „genau und geeignet" ist „für unsere Gespräche und unsere Auseinandersetzungen" (127), ist der Bezugsausdruck für Ivan „ungenau". (ebd.) Seine Bedeutungsschattierungen sind unbegrenzt. Der Abschnitt schließt mit einem charakteristischen Bekenntnis zur Verinnerlichung. Auf Ivan bezogen, erklärt sie: „Vor ihm nicht, aber inwendig werde ich eines Tages das Du vollenden. Es wird das Vollkommene sein." (ebd.) Das erinnert nicht zufällig an das Gegenbuch zu den *Todesarten*, dem Ivan gewidmeten EXSULTATE JUBILATE, von dem die Autorin ihrem Geliebten sagt: „ich werde nie verlangen, daß du es liest." (82) Das inwendige Du mag vollkommen sein, doch der so Angesprochene wird es nicht hören. Das „wunderbare" (55) Buch bleibt ungeschrieben und ungelesen. Es bleibt bei fragmentarischen Sätzen, die die Ahnung eines solchen Buches auszudrücken suchen. Bachmanns Roman bezieht sich auf ein doppeltes Du, auf das gesellschaftliche und das verinnerlichte: er protokolliert den ständigen Konflikt zwischen diesen beiden „Anrufungen". Das Werk verfügt über keine vollkommene Geschlossenheit, es hat selber teil an der Gewalt, die es sich zum Inhalt nimmt. Im Gegensatz zum Idealbuch hebt es die gesellschaftlichen Konflikte nicht auf, dafür möchte es jedoch gelesen werden. In der Wildgans-Rede glaubt Bachmann zu wissen: „Ein aufnehmendes, abgebendes, verändertes Ich, verändert schreibend...". (297) Über die Anrede des eigenen literarischen Werks an seine lesende Gesellschaft bemerkt die Autorin: „...zu den Aktualitäten habe ich nur zu sagen, daß man sie hinwegschreiben muß, man muß die Aktualitäten seiner Zeit korrumpieren...". (ebd.) Ingeborg Bachmann belächelt die Naivität solcher Themen wie „der Schriftsteller und die Gesellschaft". (296) Es kommt in ihrer Prosa zu keiner Anrufung der Gesellschaft, weil die sich sowieso nicht angesprochen fühlt. Es mangelt dem Autor an Macht, eine derartige Anrede zu erzwingen. Umgekehrt leugnet Bachmann den Anspruch der Gesellschaft, der Dichtung Aktualitäten aufzudrängen. Es ist kennzeichnend für sie, daß sie die Alternative zur gesellschaftlichen Verbindlichkeit der Literatur und damit die Richtlinien für ihr eigenes Schreiben verschweigt, das heißt: erneut verinnerlicht, eine inwendige Dichtung propagiert. „Was ich früh aber über mein Leben gesetzt habe," verkündet sie in ihrer Rede, „sind ein oder zwei Gebote, an die habe ich mich gehalten." (ebd.) Absichtsvoll, ja provokatorisch verweigert sie im folgenden die Aussage; statt dessen appelliert sie für das Lesen des Werkes:

> Und sie haben mich bis heute gehalten, mein einziger Schutz. Wenn ich sie verschweige, so darum, weil ich, sie aussprechend, sie und mich verraten würde, und deswegen möchte ich, daß ich einfach gelesen werde.
> (296)

Das Gebot des Lesens wird so zum gelesenen Gebot. Die literarische Anrede des Schreibens äussert ein Geheimnis des Autors, das sich ansonsten nicht sozialisieren läßt. Der Schreibprozeß verändert, die dichterische Aussage identifiziert.

Bleiben wir bei der Anrede. Es ist von grundlegender Bedeutung, daß der Erzählstil Bachmanns (wie vordem ihre Lyrik) als *Anrufung* erkannt wird. Das gilt im Ivan-Kapitel in durchaus wörtlichem Sinne: dessen Kernstücke sind zweiundzwanzig Telephonanrufe mit einer eigens entworfenen Intimsprache. Sie werden eingeleitet durch einen kurzen Abschnitt mit der folgenden Erklärung:

> Immerhin haben wir uns ein paar erste Gruppen von Sätzen erobert, törichten Satzanfängen, Halbsätzen, Satzenden, von der Gloriole gegenseitiger Nachsicht umgeben, und die meisten Sätze sind bisher unter den Telefonsätzen zu finden.
> (38)

Bezeichnenderweise kommt die Verbindung über Ansätze und fragmentarische Wendungen nicht hinaus. Später betrachten beide diese Anrede-Versuche als ein Spiel. „Durch Ivan, der das Spiel will," berichtet die Erzählerin, „habe ich deswegen auch eine Gruppe von Schimpfsätzen kennengelernt." (85) Dieses „Spiel" zwischen der Autorin und Ivan ist nicht zuletzt auch ein Bezug auf die (Erzähl-)Form des Romans. Schreiben ist Verändern in appellierender Form. Lesen heißt: Veränderung zur Kenntnis nehmen. Ein Anruf beginnt mit der charakteristischen Bemerkung der Erzählerin: „Gerade habe ich erfunden, wie ich die Welt doch noch verändern kann!" (103) Auf die ironische Reaktion Ivans: „Was? du auch? die Gesellschaft, die Verhältnisse? das muß ja heutzutage der reinste Wettbewerb sein" (ebd.) antwortet die Schriftstellerin: „Um so besser, ich erfinde es also allein, aber laß es mich erfinden für dich." (ebd.) Wir sind hier im Zentrum der Bachmannschen Erzählästhetik. Die Veränderung im Schreiben ist „für dich", für den Leser. Schreiben ist Anrufung. Die Autorin Bachmann personifiziert rollenhaft die Genese einer erzählerischen Eigenreflexion. Das ist der (auch formale) Sinn ihrer Anrufung, die sich nie (auch inhaltlich nicht) in eine soziale Kommunikation verwandelt. Letztlich bleibt die Anrufung Ivans unbeantwortet, die Liebe zu ihm unerfüllt. Es kommt zu keiner dauerhaften Verbindung. Die Erzählerin und Ivan formen keine gesellschaftliche Einheit. Bachmanns *Anrufung* ist ein Ausdruck der Sehnsucht, die Veränderung für den anderen. Sie erfindet „allein...für dich." (ebd.) Insgeheim aber veräußerlicht sie auch diesen Doppelbezug in ihrer Vorstellung. Das ist der Sinn und Inhalt ihrer Fiktion. Sie gestaltet ein selbstreflektierendes Verhältnis zu zwei Geliebten, in denen sich die widersprüchlichen Wesenszüge der Autorin als fiktionale Personifizierung zu erkennen geben. Anders ausgedrückt: Ingeborg Bachmann sucht die Authentizität ihrer eigenen Existenz in der Fiktion. In letzter Instanz ruft sie sich selbst an. Ihr „allein...für dich" (ebd.) ist die Erzählform eines fiktionalen Eigendialogs.

Die Anrede erweist sich also als Erzählhaltung und als Identifizierungsprozeß. Dabei spielt Ivan die Rolle des Lesers, Malina die des Autors bzw. der Autorin. Selbstverständlich soll und kann darüber nicht vergessen werden, daß beide Gestalten zugleich Teil einer eigenständigen Fiktion bleiben. (Verräterisch ist freilich das unüberwindbar Fragmentarische ihrer Erzählfabel.) So heißt es einmal in einem Versuch der Erzählerin, den vielschichtigen Reflexionsbezug zwischen sich und ihren fiktionalen Gestalten anzudeuten:

> Ivan ist nicht gewarnt vor mir. Er weiß nicht, mit wem er umgeht, daß er sich befaßt mit einer Erscheinung, die auch täuschen kann, ich will Ivan nicht in die Irre führen, aber für ihn wird nie sichtbar, daß ich doppelt bin. Ich bin auch Malinas Geschöpf.
> (103-104)

Das liest sich nicht zufällig wie eine (kokette) Anrede an den Bachmannschen Leser. Auch ihn will die Autorin nicht in die Irre führen, auch er soll gewarnt sein, daß sie doppelt ist. Inhalt und Form des Romans sind Fiktionalisierungen ihres Selbstbezuges. Sowohl Ivan als auch Malina sind ästhetische Reflexionen, mit deren Hilfe sich Bachmann zumindest fiktional zu veräußerlichen vermag. Über die Doppelgeschlechtlichkeit der Bachmannschen Eigenprojektion ließen sich ausführliche psychologische Vermutungen aufstellen. Indes ist sie von jeher untrennbarer Bestandteil der dichterischen Phantasie, insbesondere der erzählerischen Vorstellungskraft des Romanschriftstellers gewesen. Bachmann motiviert ihren Erzählreflex noch einmal zu einem späteren Zeitpunkt. Im letzten Drittel des Ivan-Kapitels erklärt sie ihren fiktionalen Eigenbezug zu Malina in einem aufschlußreichen (bislang viel zu wenig beachteten) Dialog.

> ...man hat mich früher auf so abwegige Gedanken gebracht, ich habe nie so gedacht, ich wäre nie auf Verachtung, auf Abneigung gekommen, und es ist ein Anderer in mir, der nie einverstanden war und der sich nie Antworten abzwingen ließ auf aufgezwungene Fragen.
> Soll es nicht heißen, die Andere in dir?
> Nein, der Andere, ich bringe das nicht durcheinander. Ein Anderer. Wenn ich sage, der Andere, dann mußt du mir schon glauben.
> (140)

Das erzählerische Ich befindet sich in einem zwanghaften Bezugsverhältnis zu Malina. Es ist „Malinas Geschöpf" (104), obwohl es selber Malina erfunden hat. Die Dichterin steht unter dem Zwang ihrer eigenen Phantasie. Auch das ist Gewalt, eine selbstverursachte Vergewaltigung des eigenen Ichs. Wie im Sexuellen herrscht in der literarischen Vorstellung das Paradoxon einer freiheitlichen Wahl zur Gewalt. Max Frischs Roman bedient sich des historischen Zitats (vgl. Grégoire de Tours, *Histoire des Francs*, II, XXII) „J'adore ce qui me brûle" und spricht vom „Heimweh nach der Gewalt." Immer aber handelt es sich um eine Übersetzung (oder Rückkehr) der individuellen Identität in eine Rollenexistenz. Bachmanns Malina-Gestalt ist Ausdruck einer solchen Gewalt. Die Erzählerin konstruiert sich ein „Du" für Malina, das „genau und geeignet ist für unsere Gespräche." (127) Ivan erweist sich dagegen als eine weniger berechenbare Gestalt, als ein Gegenüber, das sich keineswegs „genau" erfassen läßt. Über das „Du" für Ivan heißt es: „immer noch ist es nicht mit dem Ton, mit jenem Ausdruck gesagt worden, den ich in mir höre." (ebd.) Malina *ist* ihre innere Gegen-Stimme, eine fiktional personifizierte Eigenkorrektur. Er bleibt untrennbarer Bestandteil der Erzählerin. Sie ist sich bewußt, „daß Malina mir nie verlorengehen wird – und ginge ich selber verloren!" (126) Letztlich bedeutet Malina nichts anderes als die Gewalt der Identität überhaupt. Das erzählerische Ich kann ihm nicht entkommen; er ist Mörder und Geliebter zugleich, allgegenwärtig, unentrinnbar. Leben mit Malina bedeutet die so schwierige Selbstannahme, die Wiederentdeckung des eigenen Ichs im anderen, in der Liebe nicht weniger als im gesellschaftlichen Umgang. Die Ambiguität eines derartig konzipierten Selbstbezuges kommt wiederholt zum Ausdruck. Sie äußert sich erwartungsgemäß am deutlichsten, wo sich die Erzählerin (als Teil der Romanhandlung) dem Spiegel stellt. Hintergründig bestimmt sie: „Es entsteht eine Komposition, eine Frau ist zu erschaffen...". (136) Der Spiegel wird in diesem Reflexionsroman zum Bild der Genese nicht nur der Autorin, sondern der gesamten Erzählprojektion. „...ich kann nur, weil Malina nicht da ist, oft in den Spiegel sehen," bemerkt sie. (135) Doch das bestätigt nurmehr den Konflikt zwischen der Erzählerin und ihrem (selbstentworfenen) Doppelgänger. Der Spiegel ist weibliche Konfrontation mit dem nicht nur eigenen Ich, er führt zugleich zur Gegenüberstellung mit einer gattungshaften Rollenexistenz. Eine Schlüsselstelle des Romans zeigt die Fragwürdigkeit in der Einstellung zur geschlechtlichen Repräsentanz. Die Frau, die das erzählerische Ich im Spiegel entdeckt, bedeutet einerseits Selbsterfüllung, andrerseits der Verlust einer individuellen Identität. In diesem Sinne ist der gesamte Roman ein Spiegel der erzählerischen Reflexion.

> Ich bin in den Spiegel getreten, ich war im Spiegel verschwunden, ich habe die Zukunft gesehen, ich war einig mit mir und ich bin wieder uneins mit mir...Ich kann es aufgeben. Einen Augenblick lang war ich unsterblich und ich, ich war nicht da für Ivan und habe nicht in Ivan gelebt, es war ohne Bedeutung.
> (136)

Bachmann sucht tatsächlich etwas Uranfängliches über das Wesen der Frau und das Verhältnis der Geschlechter mitzuteilen. Über eine solche „Komposition" der Frau wird einmal erklärt: „Ganz im geheimen wird wieder entworfen, was eine Frau ist, es ist dann etwas von Anbeginn, mit einer Aura für niemand." (ebd.) Das gilt auch für den Roman *Malina*, zumindest dem Anspruch nach. Ingeborg Bachmann schafft, wie so viele weibliche Autoren der Gegenwart, eine Mythologie der Frau. Anais Nin verdanken wir die bislang programmatischste und wohl auch überzeugendste Bestimmung einer spezifisch weiblichen Einbildungskraft. Damit wurde zugleich das Grundwesen der Frau umschrieben, als bewußte Absicht weiblicher Autoren. Man wird also Ingeborg Bachmann in die Tradition einer (keineswegs militanten) feministischen Literatur einreihen dürfen, deren dichterische Aussage sich auf das Wesen der weiblichen Sensibilität konzentriert. (Selbstverständlich muß in diesem Zusammenhang angemerkt werden, daß auch die „männliche" Literatur, bewußt oder unbewußt, ein spezifisch männliches Konzept der Gefühls- und Gedankenwelt dargestellt hat. Freilich dürfte eben darin ein wesentlicher Unterschied liegen: die überwiegende Mehrzahl weiblicher Autoren der letzten Jahrzehnte hat – aus guten, geschichtlich nachvollziehbaren und politisch ausgewiesenen Gründen – die Frau selbst zum Thema ihrer Literatur gemacht.) Die Liebe zum Mann bleibt in der Bachmannschen Mythologie der

Frau notwendigerweise unerfüllt, vorübergehend, fragmentarisch. Formal drückt sich diese Überzeugung in den gedichtartig ausgewiesenen unvollständig bleibenden Satzgruppen zwischen Ivan und der Erzählerin aus. Überdeutlich gestaltet Bachmann ihr Bekenntnis zum Fragmentarischen (auch hier folgt sie dem Beispiel Max Frischs) in den Briefvariationen an Herrn Ganz. Darin finden sich die Sätze: „Was mich zuletzt zu stören anfing und weiter stört, das ist Ihr Name." (105) und: „Mein Brief an Sie kann kein ganzer Brief werden...". (109) Die fiktionale Form des Briefes spielt in dem Roman *Malina* eine durchaus wichtige Rolle. Es sind insgesamt zwölf Briefe, von denen nurmehr diejenigen aus der Hand der Erzählerin zitiert werden. Die epistologische Form erweist sich also wiederum als Selbstzitat, die weniger Kommunikation als Eigenreflexion bezeugt. Selbst der Brief von Ivan wird nicht zitiert, statt dessen klagt die Erzählerin bezeichnenderweise: „Ich sehe keine Anrede...". (157) Es kommt zu keiner echten, beiderseitigen Mitteilung, weder in den Briefen, noch in den unvollständig bleibenden Satzgruppen ihrer telephonischen „Anrufung". Das Interview mit Herrn Mühlbauer (88-101) veranschaulicht die Unmöglichkeit einer herkömmlich gedankensprachlichen Kommunikation in grotesker Weise. Im Rahmen dieses „Interviews" (das keinen Austausch beinhaltet) fällt ein Satz, der die Aussagelogik des Romans am deutlichsten bekundet. Es ist das Geständnis einer Nichtkommunikation, des Monologhaften auch (und gerade) in der Kunst.

> Aber in der Nacht und allein entstehen die erratischen Monologe, die bleiben, denn der Mensch ist ein dunkles Wesen, er ist nur Herr über sich in der Finsternis und am Tag kehrt er zurück in die Sklaverei.
> (101)

Die Bedeutung dieses Satzes wird im dritten Kapitel bekräftigt, in dem seine Erklärung an entscheidender Stelle wiederkehrt. Dort feiert die Erzählerin Wien als Stadt des Feuers, die sie zu ihren eigenen „flammenden Briefen", zu ihren „flammenden Aufrufen" und ihren „flammenden Begehren" − „das ganze Feuer, das ich zu Papier gebracht habe, mit meiner verbrannten Hand" − in Beziehung setzt. (245) In solchem Zusammenhang heißt es da:

> ...die Stadt gleitet in den Untergang, aber es entstehen noch einsame Überlegungen und die erratischen Monologe in der Nacht. Und manchmal Malinas und meine letzten Dialoge.
> (246)

Bachmann begreift sich und ihre Dichtung als Teil des Untergangs ihres Erzählorts Wien. Es ist der undinehafte Untergang einer österreichischen Literatur, die mehr und mehr nur noch zu sich selber spricht. Die letzten Dialoge mit Malina geben nicht nur dem dritten Kapitel die Überschrift („Von letzten Dingen"), sie sind zugleich das formale Rückgrat des Romans. Im zweiten und dritten Kapitel sind die Mono-Dialoge mit Malina deutlich ausgewiesen, doch auch im Ivan-Kapitel bleiben die nächtlich erratischen Monologe in den fragmentarischen Ansätzen der Liebenden unterschwellig zugegen. Die fiktional projizierte Selbstverbrennung Wiens läßt Ingeborg Bachmann im September 1973 an sich nachvollziehen. „Malina sagt, was ich erwartet habe: Wien brennt!" (ebd.)

Es ist also keine Affektiertheit, wenn Bachmann die Briefe der Erzählerin ausnahmslos mit „Eine Unbekannte" unterzeichnen läßt. Das Ich, das sich (nicht nur) in diesem Roman mitzuteilen sucht, ist dem Leser und sich selbst unbekannt geblieben. Der Versuch, sich in einer Liebessprache mitzuteilen, scheitert. Die Anrufung bleibt unbeantwortet. Das liegt zum Teil am Wesen der Sprache, zum Teil am Wesen des sich mitteilen wollenden Ichs. Das Verhältnis zwischen Mitteilung und Ich, zwischen Ausdruck und Identität, zwischen Kommunikation und Sein ist der „letzte Dialog" mit Malina. Die Sprache und ihr Autor: wer formt und bildet wen? Malina ist auch ein sprachimmanenter Ausdruckskonflikt, den die Erzählerin selbst mit Gewalt nicht zu lösen vermag. „Es ist Malina, der mich nicht erzählen läßt," (265) lautet ein Satz des Schlußkapitels. So läßt sich das Doppelverhältnis zu Ivan und Malina (und damit der gesamte Roman) als Fiktionalisierung des Bachmannschen Sprachkonflikts deuten. Beide Gestalten personifizieren Hindernisse einer verbindlichen und glaubwürdigen Selbstgestaltung.

Wenden wir uns der Sprachidentität Ivan zu. Bachmanns fiktionale Gestalten sind stets Ausdruck eines sprachlichen Bewußtseins. Im Verhältnis zu ihren Erzählfiguren gestaltet Bachmann die Vielfältigkeit und Widersprüchlichkeit ihrer eigenen Spracherfahrung. Ivan wird als „Losungswort" (31) vorgestellt. In einem kurz darauf folgenden Abschnitt findet sich dann die Erklärung, die auch zur erzählerischen Grundlage des Romans wird: „Es heißt Ivan. Und immer wieder Ivan." (ebd.) Die Perspektive ist allentscheidend: der Geliebte erscheint als Wortbenennung. Das Wort geht der fiktionalen Gestalt voran. Im Spiegelreflex bemerkt die Erzählerin sodann: „Wenn Ivan auch gewiß für mich erschaffen worden ist, so kann ich doch nie allein auf ihn Anspruch erheben." (32) Ivan ist natürlich ihre eigene Kompositionsgestalt, die sie für sich selber erschaffen hat. Er ist also auch eine ästhetische Figur, eine sprachkünstlerische Erscheinung. Es zeigt sich, daß die Autorin gerade deshalb ihren Anspruch auf ihn teilen muß, – mit der Sprache nämlich. Die Sprache ist das Ausdrucksmittel, durch das sie ihre Liebe zu Ivan mitteilt, zugleich jedoch ihre dichterische Erzählung entwirft.

> Denn er ist gekommen, um die Konsonanten wieder fest und faßlich zu machen, um die Vokale wieder zu öffnen, damit sie voll tönen, um mir die Worte wieder über die Lippen kommen zu lassen, um die ersten zerstörten Zusammenhänge wiederherzustellen und die Probleme zu erlösen, und so werde ich kein Jota von ihm abweichen, ich werde unsre identischen, hellklingenden Anfangsbuchstaben, mit denen wir unsre kleinen Zettel unterzeichnen, aufeinanderstimmen, übereinanderschreiben, und nach der Vereinigung unserer Namen könnten wir vorsichtig anfangen, mit den ersten Worten dieser Welt wieder die Ehre zu erweisen...
> (ebd.)

Kein Zweifel: die selbstentworfene Wunsch- und Liebesgestalt Ivan personifiziert die Ankunft einer „neuen Sprache". Sie ist eine Rückkehr zu den „ersten Worten dieser Welt", mithin eine Neuerschaffung, eine Besinnung, eine Wiedergeburt. Die Identifizierung, bis hin zu den geteilten Anfangsbuchstaben beider Namen, ist total versprachlicht. In unmißverständlicher und durchaus kennzeichnender Erotik spricht die Erzählerin (die sich also sowohl durch die in der Einleitung als „Ich" (12) gekennzeichnete Fiktionsgestalt als auch durch den Namen der Schriftstellerin Ingeborg Bachmann ausweist) von „der Vereinigung unserer Namen." Eine sprachliche Liebe wird heraufbeschworen, die eigentlich eine Liebe zur Sprache beinhaltet. Liebe selbst wird als eine Sprache der Verwandlung erfahren. Diese Einsicht liegt einigen der schönsten (Liebes)Gedichten Ingeborg Bachmanns zugrunde. Hier zeichnet sie die Liebe in alltäglichen Rücksichten, im gegenseitigen Takt und in der Scham. Auch so schafft sie sich eine neue Sprache. Der folgende Satz macht diese Verwandlung ganz besonders deutlich:

> Weil er die zwei widerspenstigen Haare am Kinn nicht mustert, auch die zwei ersten Falten unter den Augen nicht notiert, weil ihn mein Husten nach der er-

> sten Zigarette nicht stört, er mir sogar die Hand auf den Mund legt, wenn ich etwas Unbedachtes sagen will, sage ich ihm in einer anderen Sprache alles, was ich noch nie gesagt habe...
>
> (33-34)

Eine solche Sprache, die sich keiner Worte zu bedienen braucht, verleiht dem Verhältnis zwischen den Liebenden eine intime Ausschließlichkeit. Ivan und die Erzählerin sondern sich nicht von der Gesellschaft ab, doch sprechen sie eine „andere Sprache". Bachmann sucht ihr eine wiedergefundene Unschuld einzuverleiben, zugleich (und in direktem Zusammenhang damit) etwas Geheimnisvolles, paradiesisch Mythologisches. Die Gesellschaft bedient sich währenddessen einer Ausdrucksform, die jede Unschuld verloren hat und die Bachmann in der Erzählung *Das dreißigste Jahr* „die Gaunersprache" genannt hat. Auch in der Lyrik gilt, daß die Rückbesinnung auf eine Märchensprache und die Gestaltung einer dichterischen Mythologie weniger eine Flucht vor der sozialen Zeitgenossenschaft als der Versuch einer neuerschaffenen Sprachunschuld bedeutet. Freilich ist diese sprachliche „Entsündigung" auch in der Prosa eher sentimentalische Buße als eine spontan naive Ausdruckskunst. Es ginge kaum zu weit, wollte man bei Bachmann von einem Sprachmärtyrium sprechen. Ein solches Verständnis entspräche durchaus ihrer eigenen Vorstellung. Der Roman *Malina* kontrastiert die Liebessprache mit einer gesellschaftlichen Gaunersprache, die in ihrem destruktiven Charakter das Wesen der Dinge nicht mehr erfassen kann.

> Während wir uns so mühelos zurechtfinden miteinander, geht dieses Gemetzel in der Stadt weiter, unerträgliche Bemerkungen, Kommentare und Gerüchtfetzen zirkulieren in den Restaurants, auf den Parties, in den Wohnungen, bei den Jordans, den Altenwyls, den Wantschuras, oder sie werden allen Ärmeren beigebracht durch die Illustrierten, die Zeitungen, im Kino und durch die Bücher, in denen von Dingen auf eine Weise die Rede geht, daß die Dinge sich empfehlen und zurückziehen zu sich selber und zu uns...
>
> (34)

Bachmann beklagt, daß „das Gesetz der Welt" (35) so nicht verstanden werden kann. Dazu bedarf es paradoxerweise des Mysteriums, um dessen Wiederherstellung sie sich in ihrer eigenen Dichtung so programmatisch bemüht. Empört bemerkt sie über die Vergewaltigung der Gesellschaftssprache: „verschwinden soll jedes Geheimnis." (ebd.) Geheimnis heißt bei Ingeborg Bachmann vor allem intimes Verstehen, insbesondere im sozialen Umgang. Das ist die Bedeutung, die sie ihrem (Doppel)Verhältnis zu Ivan und Malina beimißt.

Erste Anzeichen einer unterschiedlichen Intimität, einer verschiedenen Liebessprache machen sich schon früh im Roman bemerkbar. Noch im Augenblick eines sprachlichen Charakterentwurfs Ivans nimmt die Erzählerin auf seine Gegengestalt Bezug:

> Entweder spreche ich wirklich zu leise oder Ivan versteht nicht, wo Malina längst verstanden, erraten, erfaßt hätte, und er kann mich doch weder denken noch reden hören...
>
> (36)

Das Sprachbewußtsein teilt sich in ein instinktiv spontanes Verständnis und eine schöpferisch entworfene Kommunikation. Was Bachmann hier fiktional auf ihre Romangestalten verteilt, ist die komplementäre Sprachliebe des Schriftstellers: die Fähigkeit eines unmittelbar dichterischen Ausdrucks bedarf der Ergänzung durch bewußtes Formen. Die sorgfältige Komposition wird erst auf Grund einer natürlichen Sprachbegabung sinnvoll. Ivan und Malina sind Personifizierungen dichterischer Gestaltungskräfte. Wie der Inhalt und die Form des Romans bewegt sich die Bachmannsche Ausdruckslogik zwischen Impuls und Kontrolle. In der Liebe lassen sich diese widersprüchlichen Kräfte harmonisieren. Sie ist „die gesunde Macht", die einen lebenserhaltenden Ausgleich, einen Einblick in „das Gesetz der Welt" schafft. Aber diese gesunde und stärkste Macht der Liebe ist empfindlich; wie das dichterische Kunstwerk ist sie leicht zerstörbar. Bachmann gestaltet das prekäre Gleichgewicht einer solchen Liebe. Ihr Roman *Malina* ist insofern eine erzählerische Reflexion, die Fiktionalisierung seiner Genese, eine sprachliche Selbstdarstellung. Was die Erzählerin über ihre Liebe erklärt, gilt nicht minder für das im Entstehen begriffene sprachliche Kunstwerk:

> Eine Kleinigkeit könnte es im Beginn ersticken, abwürgen, es im Anlauf zum Stillstand bringen, so empfindlich sind Anfang und Entstehen dieser stärksten Macht in der Welt, weil die Welt eben krank ist und sie, die gesunde Macht, nicht aufkommen lassen will.
> (37)

Die Liebessprache versucht in der Fiktion, die kranke Welt zu heilen. Doch Bachmanns Erzählerin schreibt nur ansatzweise (und zitathaft auszugsweise) an dem das Leben feiernden EXSULTATE JUBILATE; wie die Anrufsätze mit Ivan kommt sie über gestenhafte Andeutungen nicht hinaus. Ihre Sprache gestaltet auch in der Liebe andauernde Variationen von TODESARTEN. Die totale Sprachwelt, in der die Autorin lebt, läßt ihr Verhältnis zu Ivan eine selbstentworfene Wortkomposition erscheinen. In einem jedoch unterscheiden sie sich grundlegend: Sprache und Spiel, die Lust, Sätze zu bilden und ein Spiel zur gegenseitigen Unterhaltung zu betreiben, sind für die Erzählerin nicht miteinander gleichzusetzen. Sie berichtet: „Wenn er keine Lust hat, mit mir Sätze zu bilden," (46) spielen sie Schach, das Ivan bezeichnenderweise mit fremdsprachigen (ungarischen) Worten untermalt. Dem erzählerischen Ich sind Sprachspiele solcher Art fremd. Ivan begreift ihr Verhältnis mehr und mehr als eine gegenseitige Unterhaltung. An eben diesem unterschiedlichen Verständnis scheitert schließlich ihre Liebe. Die Erzählerin ahnt das Spielhafte seines Bezuges, ohne sich über die Konsequenzen im klaren zu werden. Sie notiert nurmehr:

> Es ist unmöglich, Ivan etwas von mir zu erzählen. Aber weitermachen, ohne mich auch ins Spiel zu bringen? – warum sage ich Spiel? warum denn bloß, es ist kein Wort von mir, es ist ein Wort von Ivan –
> (49)

Im Gegensatz dazu weiß sie, daß Malina die sprachliche „Aura", die sie zum Leben braucht, mit ihr teilt. Wieder sind es zwei grundsätzlich unterschiedliche Haltungen zur Sprache, die sich in ihren Geliebten verkörpern. Über Malina erklärt sie unmittelbar anschließend:

> Wo ich angelangt bin, das weiß Malina, und erst heute haben wir uns wieder über die Landkarten, über die Stadtpläne, über die Wörterbücher gebeugt, über die Worte hergemacht, wir suchen alle Orte und Worte auf und lassen die Aura aufkommen, die ich auch brauche, zum leben, dann ist Leben weniger Pathos.
> (ebd.)

Am autobiographischen Gehalt dieser Erklärung kann nicht gezweifelt werden: es ist die Bachmannsche „Aura", auf die die Autorin hier Bezug nimmt. Für sie ist die Sprache kein Spiel. Ivan dagegen geht im Spiel der Geschlechter auf; es ist immer wieder „Ivan, der das Spiel will." (85) Die Erzählerin setzt seine mangelnde Liebe in subtilem Zusammenhang mit der ihr fremden, doch Ivan heimatlichen Sprache:

> Längst ehe ich Ivan zum ersten Mal das Wort ‚gyerekek!' oder ‚kuss, gyerekek!'
> rufen hörte, hat Ivan zu mir gesagt: Das wirst du wohl schon verstanden haben.
> Ich liebe niemand. Die Kinder selbstverständlich ja, aber sonst niemand.
> (58)

Auch das ist in seiner Kaltblütigkeit ein sprachliches Spiel. Für ihn ist die Liebe kein sprachliches Thema. Als sich die Erzählerin bei ihm erkundigt, „was er heute denkt über die Liebe" (139), bezweifelt er den Sinn einer solchen in Sprache gekleideten Überlegung. „Ist das etwas," fragt Ivan, „worüber man nachdenkt, was soll ich mir denn für Gedanken darüber machen, brauchst du Worte dafür?" (ebd.) Ingeborg Bachmann und ihr fiktionales Ich brauchen sie, die Liebessprache, mit der sie sich eine Welt komponieren. Ivan spielt mit der Liebe, er läßt sich nicht von ihrer Sprache verzaubern. Als er sich schließlich zurückzieht, bestimmt die Erzählerin:

> ...einmal muß ich doch etwas sagen. Aber ich sage es ihm besser nicht. Ich werde ihm aus St. Wolfgang schreiben, eine Distanz gewinnen, zehn Tage lang überlegen, dann schreiben, kein Wort zuviel. Ich werde die richtigen Worte finden, die Schwarzkunst der Worte vergessen...
> (147-148)

Sie ist bereit, den Zauber ihrer Liebessprache zu opfern, um ihre Liebe zu retten. Nichts charakterisiert ihr Verhältnis zu Ivan so musterhaft wie dieser Widerspruch. Ins Biographische übertragen, bietet Ingeborg Bachmann die Aufgabe ihrer dichterischen Tätigkeit an: „ich werde schreiben," verspricht sie, „mit meiner Einfalt vor Ivan." (148) Eine solche Selbstaufgabe wäre indes Selbstverleugnung, auch wenn sie sich als Hingabe zu begreifen sucht. Die Dichterin der Liebessprache kann sich nicht in das „Bauernmädchen" (ebd.) verwandeln, ihre Identität läßt sich nicht einfach vertauschen. Was bleibt, ist die Liebe zur Sprache. Entsprechend gestaltet sie ihre Lage in der dichterischen Liebessprache des fragmentarischen EXSULTATE JUBILATE, in dem Ingeborg Bachmann den vertrauten Rollenmythos der Undine verkörpert: „*Sie konnte nicht vor und nicht zurück,*" heißt es an dieser entscheidenden Stelle der Trennung von Ivan im Gegentext, „*sie hatte nur die Wahl zwischen dem Wasser und der Übermacht der Weiden.*" (152, Hervorhebung I.B.) So weist sich die Erzählerin schließlich in dem Ivan zuliebe geschriebenen Erzähltext aus. Die Ironie einer solchen Identifizierung ist offenkundig: es handelt sich um die Flucht in eine Sprache als Liebesersatz. Erneut begegnen wir nicht nur der persönlichen Tragik, sondern auch der ästhetischen Fragwürdigkeit einer dichterischen Liebessprache, die sich als Ersatz intim gesellschaftlicher Kommunikation kundgibt. Wie verräterisch liest sich die Frohlockung der Erzählerin, als sie zum ersten Mal den kontrapunktischen Gegentext des EXSULTATE JUBILATE entwirft: „verstecken könnte ich mich in der Legende einer Frau, die es nie gegeben hat." (62) In der Mythologiegestalt Undine schafft sich Ingeborg Bachmann die Bewußtseinsfigur ihrer eigenen Literarisierung, der totalen Versprachlichung ihrer Liebe. Gegen Ende des Romans, zur Zeit der Trennung von Ivan berichtet die Erzählerin:

> ich schaue über das Wasser und schaue ins Wasser, in die dunklen Geschichten, durch die ich treibe. Sind Ivan und ich eine dunkle Geschichte? Nein, er nicht, ich allein bin eine dunkle Geschichte.
> (166)

In deutlicher Entsprechung folgt kurz darauf ein Auszug des Gegentexts:

> ...*und kein Mensch außer ihr lebte, und sie hatte die Orientierung verloren...es war, als wäre alles in Bewegung geraten, Wellen aus Weidengezweig, die Fluten*

nahmen ihren eigenen Lauf... eine nie gekannte Unruhe war in ihr und legte sich schwer auf ihr Herz...
(ebd., Hervorhebung I.B.)

Malina ist nicht nur eine „dunkle Geschichte", der Roman ist darüber hinaus eine Ich-Variation, die umfassende Skala einer weiblichen Ich-Reflexion und -Projektion, eine autobiographisch empfindsame Ich-Fiktion, in der „kein Mensch außer ihr", der Autorin, „lebt." Das Ivan-Kapitel schließt mit der (auch inhaltlichen) Rückkehr zum heimatlichen Ich, das in Abwesenheit lebt. „Ich bin heimgekehrt in mein Land, das auch abwesend ist," erklärt Bachmanns Erzählerin, „mein Großherzland, in das ich mich betten kann." (172) Am Ende steht das Zitat; das einstige Gegenüber der Liebe hat sich als Eigenprojektion erwiesen. „Wien schweigt." (45, 173) Es kommt zu keinem Anruf, zu keiner liebessprachlichen Verbindung mehr. Im folgenden wendet sich die Erzählerin dem Mann ihrer eigenen Identität, einer neuerlichen Verinnerlichung zu: dem mörderischen Vater, den sie wiederum dichterisch zu erfassen sucht.

Das zweite Kapitel des Romans setzt sich aus einer Vielzahl von Alpträumen seelischer, emotionaler und sexueller Vergewaltigungen zusammen. Die 35 Schreckensepisoden werden durch insgesamt 7 Ich-Dialoge mit Malina inhaltlich und formal perspektiviert. Auf Malina bleibt alles bezogen, wie die Eingangssätze der ersten beiden Abschnitte verdeutlichen: „Malina soll nach allem fragen" und: „Malina soll alles wissen." (174) Der im Titel angesprochene „dritte Mann" ist natürlich der Vater, der für das Manneskonzept der Erzählerin (und somit auch für Ivan und Malina) verantwortlich zeichnet. Die als dramatischer Text ausgewiesenen Gespräche mit Malina sind monologische Reflexionen der erzählerischen Einbildungskraft. „Sagen wir, ich mache mir da eine Vorstellung," erklärt das Ich im ersten Dialog. (179) Der zweite Reflexionstext thematisiert eine kriegerische Phantasie. (185) Im dritten Selbstgespräch erklärt das Alter ego der Erzählerin: „Was gehen mich diese Geschichten an. Dir träumt ja." (209) Der vierte Dialog bezieht sich auf eine schwesterliche Gestalt vergangener Zeiten: „Gelesen hat sie auch, einmal hat sie mir geträumt, sie liest mir vor, mit einer Geistesstimme." (214) Im fünften Gedankenaustausch bemerkt Malina: „Du hast dir immer zuviel vorgestellt." Darauf antwortet das Ich: „Aber damals konnte ich mir gar nichts vorstellen. Oder wir sprechen von Vorstellen und von Vorstellungen und meinen nicht das gleiche." (220) Später versucht Malina noch einmal eine kritische Bemerkung: „,...ich will deine Geschichte nicht, du weichst mir immerzu aus." (222) Daß es sich dabei um den Versuch einer imaginativen, speziell literarischen Wirklichkeitsbestimmung handelt, bezeugt der vorletzte Dialog. Dort spricht Malina von einer Gewalt, mit der es zu leben, über die es nicht nur zu schreiben gilt. Er nimmt das Ende des Romans vorweg, wenn er dem erzählerischen Ich vorhält: „,...du wirst handeln, du wirst etwas tun müssen, du wirst alle Personen in einer Person vernichten müssen." (232) Nichts anderes ist die Bedeutung ihres gemeinsamen „Mordes" an Ivan, bei dem sich die Erzählerin wiederum vor dem Handeln in eine scheinbar passive Haltung der Mitwisserschaft flüchtet. Man meint, das unmittelbare Ich der Ingeborg Bachmann zu hören, wenn es abschließend erklärt: „Wie leicht wird es, darüber zu reden, es wird schon viel leichter. Aber wie schwer ist es, damit zu leben." (ebd.) Malina, die Bachmannsche Korrekturgestalt, die wesensimmanente Kritik einer sich selbst reflektierenden Einbildungskraft, insistiert jedoch: „Darüber hat man nicht zu sprechen, man lebt eben damit." (233) Das Kapitel schließt mit einer bekenntnishaften, zugleich selbstkritischen Erklärung der Autorin Bachmann. Rückblickend auf die fragmentarischen väterlichen Vergewaltigungsepisoden fragt sie:

> Habe ich das wirklich gesagt? Wie konnte ich das nur sagen? Ich habe es doch
> nicht sagen wollen, aber man kann doch nur erzählen, was man sieht, und ich
> habe dir genau erzählt, wie es mir gezeigt worden ist.
> (236)

Das ist als eine direkte Anrede der Bachmann an ihren Leser gedacht. Auch hierbei handelt es sich um eine „Anrufung", um einen Appell an die zeitgenössische Gesellschaft allgemein. Alle sieben Malina/Ich-Dialoge beschäftigen sich mit der Dichotomie von Literatur und Gewalt. Bachmanns Bild des Menschen, vor allem jedoch des Mannes ist von Gewalt gezeichnet. Wie kann es ihr gelingen, die Vergewaltigung des Lebens dichterisch darzustellen? Die Antwort ihres zweiten Kapitels ist unmißverständlich: durch alpträumerische Kurzerzählungen, fragmentarische Schreckensdarstellungen und fieberhafte Episoden. Es sind poetische Psychogramme, in denen sich die Angst vor der Vergewaltigung auszudrücken sucht. Es ist kein Zufall, daß manche dieser Aufzeichnungen an Kafka erinnern. Zusammengehalten werden sie durch den (auch werktheoretischen) Dialog einer formorientierten Einbildungskraft. Der Ursprung des Ausdrucks (hier vor allem eines väterlichen Mörders) wird auf solche Weise stets aufs neue mit in seine fiktionale Identität einbezogen. Anders ausgedrückt: das Bildnis der Gewalt, die Erfahrung der Erzählerin erweist sich als überprüfbar. Keineswegs wird der Leser zur Annahme der 35 Episoden gezwungen, im Gegenteil: es wird offen hypothetisch erzählt. Die Variationen väterlicher, später allgemein elterlicher, mithin erblicher Gewalt finden in einer an Max Frischs Roman *Mein Name sei Gantenbein* gemahnenden theatralisch austauschbaren Inszenierung ihren absichtsgemäß unverbindlichen Ausdruck. Wie sehr Ingeborg Bachmann hier mit sprachlichen Andeutungen manipuliert, wie souverän sie mit sprachformalen Konzepten umzugehen weiß, beweist schon der Titel dieses Romanabschnitts, in dem sich nicht zuletzt auch der literarische (Graham Greene) und filmgeschichtliche Bezug auf den „dritten Mann" des Handlungsortes Wien bekundet. Einerseits also intensivste Vorstellung der Gewalt, andrerseits überlegene Anspielungen und formfiktionale Reflexionen. Das gesamte zweite Kapitel steht im Zeichen einer Ästhetik der Gewalt, die sich in ihrer Eigendarstellung selbst zu bestimmen sucht. Bachmann schuf einen Dialog zwischen Reflexion und Gestaltung. In diesem Teil ihres Romans spricht die Fiktion zu sich selber. *Der dritte Mann* ist auch ästhetisch, das heißt: werktheoretisch ein fiktionaler Eigendialog.

In der dritten Episode charakterisiert das Kapitel sich selbst. In ihrer Angstvorstellung der Gewalt berichtet die Autorin:

> ...der große Siegfried ruft mich, erst leise, und dann doch laut, ungeduldig hör
> ich seine Stimme: Was suchst du, was für ein Buch suchst du? Und ich bin ohne
> Stimme. Was will der Große Siegfried? Er ruft von oben immer deutlicher: Was
> für ein Buch wird das sein, was wird denn dein Buch sein?
> Plötzlich kann ich, auf der Spitze des Poles, von der es keine Wiederkehr gibt,
> schreien: Ein Buch über die Hölle. Ein Buch über die Hölle!
> (177)

Kein Zweifel: der zweite Teil ihres *Malina*-Romans ist ein Buch über die Hölle. Aber die Erklärung reicht doch über den unmittelbaren Werkbezug hinaus. Bachmann gelingt es, in dieser skizzenhaften Form ihr zentrales Thema einer geschlechtsorientierten Vergewaltigung zusammenzufassen. „Der große Siegfried" erscheint als negativer Schreibimpuls, er ist eine herausfordernde, gewalttätige Musengestalt. Die Vater-Gestalt wird als Erzbild männlicher Bedrohung gezeichnet. Ingeborg Bachmann liefert ständig neue Ansätze einer femininistischen Kulturkritik, ohne sie zu einem geschlossenen Argument zu systematisieren. Fragmentarische Vielfalt, nicht ideologische Kohärenz bestimmen ihre Überlegungen. Mit den Klischees eines Freudschen Vater-Komplexes wird man den Bachmannschen Entwürfen nicht beikommen. Es geht ja schließlich gar nicht mehr um den Vater. Trotz der Vielzahl von unvollständigen Entwürfen herrschen deutliche Bezugspunkte innerhalb des Werkes vor. So erweist sich der „Große-Siegfried"-Abschnitt als eine Erhebung der Ivan-Konfrontation ins Paradigmatische. Ihren vollen Sinn erhält die Passage erst in dem Augenblick, da sie mit der 37. Episode des ersten Kapitels in Beziehung gesetzt wird. Dort fragt nicht „der große Siegfried", sondern der geliebte Ivan: „hast du das hingeschrieben?" (54) Das Buch über die Hölle ist da die im Entstehen begriffene Trilogie Ingeborg Bachmanns TODESARTEN. Auch in dieser Gegenüberstellung ist die Autorin „ohne Stimme". Sie berichtet: „Da ich nicht antworte, sagt Ivan: Das gefällt mir nicht..." (ebd.), eine Kritik, die er kurz darauf wie folgt begründet:

> Dieses Elend auf den Markt tragen, es noch vermehren auf der Welt, das ist doch widerlich, alle diese Bücher sind widerwärtig. Was ist denn das für eine Obsession, mit dieser Finsternis, alles ist immer traurig und die machen es noch trauriger in diesen Folianten. Bitte, hier: AUS EINEM TOTENHAUS...
> (ebd.)

Wer könnte bezweifeln, daß Bachmann damit auch die Reaktionen ihrer Leser zu antizipieren sucht. Ivan artikuliert hier eine Kritik, die nicht nur gegen Ingeborg Bachmann (neuerdings vor allem gegen ihren Landsmann Thomas Bernhard) geltend gemacht wurde. Wichtig in unserem Zusammenhang ist die Erkenntnis, daß die Gewalt des „großen Siegfried" auch im Geliebten in Erscheinung tritt. Wie in der Erzählung *Undine geht* schließen sich Liebe und Brutalität nicht gegenseitig aus. „Ihr Ungeheuer mit Namen Hans!" (253) ruft das weibliche Ich dort aus. „Immer...traf ich auf einen, der Hans hieß." (ebd.) Hans wie Siegfried sind bewußt gewählte deutschgermanische Namen mit einer gewissen Vorbelastung an Krudität und Brutalität. Dennoch gilt auch für Ivan die solchermaßen entworfene Typologie des Mannes. Der fünfte Abschnitt des ersten Kapitels bezieht sich auf das neue Wort der Liebe. Indes ähnelt die gesondert ausgewiesene Erklärung „Es heißt Ivan. Und immer wieder Ivan." (31) der Bachmannschen Anrufung des „Ungeheuers Hans" und des „großen Siegfried" in verräterischer Weise. „Ja, diese Logik habe ich gelernt," fährt Undine in ihrem erzählerischen Appell fort, „daß einer Hans heißen muß, daß ihr alle so heißt, einer wie der andere, aber doch nur er...Und wenn eure Küsse und euer Samen...fortgeschwemmt sind, dann ist doch der Name noch da,...weil ich nicht aufhören kann, ihn zu rufen, Hans, Hans...". (253) Eine solche Anrufung vereinigt Liebe und Schrecken, Zärtlichkeit und Gewalt. Am prägnantesten und kompromißlosesten hat Bachmann diese widersprüchliche Einheit (also auch des eigenen Werks) im zwölften Gedicht ihrer *Lieder auf der Flucht* beschworen. (145) Auch Ivan tötet, – indem er sich einer verbindlichen Liebe entzieht. Es gibt für Bachmann eine ganze Skala von „Todesarten", die stets Vergewaltigungen der Person und einer individuellen Liebe sind. Es ist faszinierend, wie sie die Tödlichkeit ihres eigenen dichterischen Werkes in Frage stellt. Die Kritik kommt dabei stets von denjenigen, die (ihrer Meinung nach) für jene tödliche Gewalt verantwortlich sind: die männlichen Ungeheuer. Was an ihrer literarischen Gestaltung tödlich ist, erweist sich (in fast schon formelhafter Simplifizierung) als die Schuld des Mannes. Auch inhaltlich ließe sich sagen, daß Ivan die Ansätze zu dem von ihm verlangten Gegenbuch EXSULTATE JUBILATE wie ihre Liebe im Keim erstickt. Bachmanns unvollendet gebliebenes Romanwerk *Todesarten* will nicht zuletzt als feministische Kritik verstanden werden: ihre Dichtung reflektiert die tödliche Gewalt menschlicher, vor allem geschlechtlicher Beziehungen in der zeitgenössischen Gesellschaft. Wie gesagt, es kommt zu keiner kohärent durchformulierten Gegenposition; es wäre also gewiß falsch, Ingeborg Bachmann einem militanten Feminismus zuzählen zu wollen, doch in formal und gedanklich bewußt komponierten Ansätzen, in immer neuen Variationen des Gewalt-Motivs und im grundsätzlichen Gesamtkonzept ihres großen Romanwerks sind die Zeichen einer anhaltend feministischen Kritik unübersehbar.

Wenn es beispielsweise im vierten Absatz heißt: „Mein Vater ist zum Theater gegangen. Gott ist eine Vorstellung." (181), so ist die kulturkritische Bedeutung einer solchen Erklärung offenkundig. Im zehnten Alptraum soll die Erzählerin „in der großen Oper meines Vaters...die Hauptrolle übernehmen" (187), doch es zeigt sich, daß sie diese ihr auferlegte Rolle nicht spielen kann: „die Worte weiß ich nicht, ich kann diese Rolle nicht, nie werde ich sie können...". (188) In Auflehnung gegen die gewaltsam väterlich-männliche Vorstellungswelt des (gesellschaftlichen) Theaters inszeniert sie ihren eigenen Liebestod – und reflektiert auch damit wieder das Wesen ihrer literarischen „Todesarten". Die Flucht in die Wagner-Partie endet in Selbstmord. Könnte der Schlußsatz dieser Episode auch ein Kommentar des Verhältnisses Ingeborg Bachmanns zur großangelegten Romandichtung sein? „Ich habe die Aufführung gerettet," berichtet das erzählerische Ich in charakteristischer Paradoxie, „aber ich liege mit gebrochenem Genick zwischen den verlassenen Pulten und Stühlen." (189) Trotz ihrer offensichtlichen Vereinfachungen in der Darstellung des Mannes vermeidet Bachmann die Gefahren einer allzu einseitigen Erzählform. Dem Vater wird beispielsweise stets Malina als Gegengestalt an die Seite gestellt. In entsprechender Weise sind Ivan und Malina durchaus als Komplementärfiguren zu verstehen. Schon im sechsten Absatz erklärt die Erzählerin: „Malina hat mir die schönsten Bücher geschenkt, das verzeiht mein Vater mir nie." (183-184) Im achten Abschnitt heißt es unmißverständlich: „Malina hat mich gerächt." (186) Die zwölfte Passage bestimmt Malinas Funktion auf eine für den gesamten Roman grundsätzliche und allumfassende Weise: „Er soll mir meine Worte erklären." (192) Bachmann hat sich auch in diesem Sinne eine Reflexionsgestalt geschaffen, mit der sie sich über ihre eigene Sprache klar zu werden sucht. Sie bedient sich der Erzählfigur in fiktionaler Eigenanalyse. Ihr Roman untersucht ferner die eisige Schönheit einer männlich ausgerichteten Ästhetik, indem er deren wesensimmanente Gewalt erzählerisch fiktionalisiert. Das ist der Sinn der Eisstatuen-Episoden im 21. und 22. Abschnitt. Die Verwandlung der Erzählerin zu Eis ist nicht nur eine weitere Gewalttat ihres Vaters, sie ist vor allem eine Metamorphose der Gewalt zu Kunst. Bachmann gestaltet hier in episodenhafter Weise die männliche Ästhetik der Gewalt, als dessen Opfer sie sich (insbesondere als Künstlerin) empfindet. Das kunstanschauliche Vokabular, das der Vater im Gespräch mit Melanie (eine weibliche Variante zu Malina?) anläßlich der Vereisung Bardos' und der Erzählerin verwendet, läßt an der ästhetischen Bedeutung und werktheoretischen Reflexion dieser Passagen keinen Zweifel.

> Mein Vater erklärt der Zariza, daß auch mein Mitschuldiger sich ausziehen müsse und so lange mit den Wassern aus der Donau und aus der Newa begossen werde, bis wir beide zu Eisstatuen werden. Aber das ist ja entsetzlich, antwortet Melanie affektiert, mein großer Bär, du wirst die Unglücklichen doch früher töten lassen. Nein, meine kleine Bärin, erwidert mein Vater, denn sonst würden den beiden die natürlichen Bewegungen, die nach dem Gesetz der Schönheit unerläßlich sind, fehlen, ich werde sie lebendig begießen lassen, wie könnte ich mich bloß an der Todesangst belustigen!
>
> (211)

Unübersehbar gestaltet Bachmann hier erneut den Eros der Gewalt. Darüber hinaus zeichnet sie eine männlich inzestuöse Ästhetik der Vergewaltigung, komplett mit ihrem Scheinalibi moralischer Skrupel („wie könnte ich mich bloß an der Todesangst belustigen!"). Ob außerdem noch hintergründige Anspielungen auf eine „Anrufung des Großen Bären" in den Text hineingelesen werden können, soll dahingestellt bleiben. Wenn sich die Erzählerin „simultan" mit ihrem männlichen Alter ego Malina identifiziert, wäre zumindest denkbar, daß Melanie eine nochmalig entsprechende Verfremdung dieser Simultanidentität bedeutet, durch die das erzählerische Ich das Tabu der Blutschande zwar andeuten, jedoch fiktional zu umgehen vermag. Bezeichnend ist ferner, daß diese ästhetische „Todesart" über ihr zustimmendes Publikum verfügt; der 21. Abschnitt endet mit der Bemerkung: „Die Leute von der Straße und die Wiener Gesellschaft jubeln: So was sieht man nicht alle Tage!" (ebd.) Ausdrücklich wird die Rezeption einer solchen Ästhetik mit in ihre (fiktionale) Darstellung aufgenommen. Die Gleichsetzung einer väterlichen Mördergestalt mit dem Geliebten wird spätestens im dreißigsten Absatz explizit. (Daß Malina des Mordes fähig ist, beweist der letzte Satz des Romans.) In ihrer Eigenmythologie als Undine begegnet die Erzählerin dem Vater und Melanie in Krokodilsgestalt. Um sich den ständigen Verwandlungen ihres Vaters zu entziehen, beginnt sie einen wirbelnden Tanz der Selbstbehauptung. Aus diesen Bewegungen schafft sich die Autorin den Namen Ivan, auch der Geliebte entspringt also ihrer Notwendigkeit einer Eigendarstellung, auch er ist eine sprachliche Geburt. Ivan wird so zum Ausdruck ihrer Not und einer sie bedingenden Gewalt:

> ich rufe Ivan, aber er muß nicht kommen, muß mich nicht halten, denn mit einer Stimme, die noch nie jemand gehabt hat, mit der Sternstimme, der siderischen Stimme, erzeuge ich den Namen Ivan und seine Allgegenwart.
>
> (225)

Erneut wird die Geburt eines Ausdrucks, mithin die literarische Genese als eine Anrufung nicht nur des Großen Bären, sondern der Sternbilder überhaupt und allgemein gezeichnet. Die dichterische Einbildungskraft hat zumindest im Falle Ingeborg Bachmanns, genauer: in deren fiktionaler Selbstdarstellung, ihren Ursprung in Gewalt. Und so sehr sie die verschiedenen „Todesarten" der Vergewaltigungen verabscheuen mag, – sie bleibt (vor allem als Künstlerin) vom Eros dieser Gewalt angezogen. Hier, in eben diesem Konflikt liegt die Geburtsstätte der Bachmannschen Dichtung. Ivan entpuppt sich denn auch als identisch mit der Vater-Gestalt; die Erzählerin vollzieht diese Gleichsetzung angemessenerweise in einer neuerlichen Anrufung:

> Mein geliebter Vater, du hast mir das Herz gebrochen. Krakkrak gebrochen damdidam meines gebrochen mein Vater krak krak rrak dadidam Ivan, ich will Ivan, ich meine Ivan, ich liebe Ivan, mein geliebter Vater.
>
> (226)

Es ist eine Identifizierung, in der beide Erzählfiguren ihre eigene Identität bewahren. Ihre Austauschbarkeit läßt sie erst zur Kompositionsgestalt werden. Die „krak krak" und „damdidam" sind nicht nur Klangsimulationen eines gebrochenen Herzens (der Gewalt also), sie bedeuten zugleich eine (erste) Übersetzung, Vertonung, Ausdrucksgestaltung, – eine Verwandlung in Sprachkunst. So gesehen, handelt es sich bei allen Alptraumepisoden des zweiten Kapitels um fiktionale Darstellungen literarischer Genese. Wo die Erzählerin in solchem Zusammenhang ihre Mutterrolle probiert, ist das Wesentliche dieser Erfahrung nicht nur die gewaltsame Bedrohung, sondern auch die Namensgebung des Kindes. So heißt es in der 31. Episode:

> Mein Kind hat noch keinen Namen, ich fühle, daß es namenlos ist, wie die Un-

geborenen, ich muß ihm bald einen Namen geben und meinen Namen dazu, ich schlage ihm flüsternd vor: Animus.

(227)

In der Benennung der Dinge, einschließlich jener ihrer Phantasie, findet die Dichterin eine geteilte Seele. Kein Zweifel: für Ingeborg Bachmann bedeutet die Sprache eine Beseelung der Welt und ihrer selbst. Das literarische Werk ist ihr Kind. Gegen Ende der Erzählvariationen wird die Autorin von ihrem Vater in ein Gefängnis gebracht, in dem „Schreiben für (sie) nicht zugelassen ist." (229) Sie „könnte das Buch fertigschreiben," (228) berichtet sie, wenn man ihr nur die Schreibgenehmigung erteilen würde. Als Schriftstellerin muß sie schließlich selber Vater und Mutter, ja ihr eigenes Kind werden. Bachmann entwirft am Ende des zweiten Kapitels (in dem der fiktionale Vater das Gesicht der Mutter annimmt, vgl. 230, 233) ihre eigene Elternschaft im Bereich der Sprache. Der Vater ist einerseits zum Bild des männlichen Mörders geworden, andrerseits hat die Erzählerin selber einen Mord an ihrem Vater begangen, indem sie ihn im Bereich der Dichtung durch sich selbst ersetzt, sich an seine Stelle begibt und über eigene, literarische „Todesarten", Vergewaltigungen und Metamorphosen verfügt. Trotz der scheinbar endlosen Alpträume schließt das Kapitel in paradoxer Zuversicht. Noch im väterlich mörderischen Gefängnis kann die Autorin von sich sagen: ich weiß, „daß meine Sätze mich nicht verlassen und daß ich ein Recht habe auf sie." (229)

Das dritte Kapitel spielt mit seinem Titel „Von letzten Dingen" auf keine philosophischen Grundfragen, sondern auf das Ende des Verhältnisses mit Ivan, die neuerliche Vergewaltigung einer Liebe an. Es handelt von den letzten Dingen, die der Erzählerin in ihrem Versuch einer doppelgeschlechtlichen Selbstverwirklichung zustoßen. Schon äußerlich kommt es zu einem Zusammenstoß der Formen, der eine direkte Konfrontation der beiden Männer Ivan und Malina beinhaltet: der 25. Ich/Malina-Dialog ist zugleich der 3. Anruf Ivans (337). In dieser unmittelbaren Gegenüberstellung ereignet sich der „Mord" (ebd.), die endgültige Auflösung des Verhältnisses mit Ivan. Die „Anrufung" der Liebe hat ihr Ende gefunden. An deren Stelle tritt „eine sehr starke Wand..., die niemand aufbrechen kann, aus der nie mehr etwas laut werden kann." (ebd.) Das *Wand*-Motiv beginnt sich nach der ersten furchtbaren Ahnung einer Trennung von Ivan zu akkumulieren. Es erscheint erstmals, als die Erzählerin „den Hörer leise nieder(legt)" (317) und den Geliebten nicht länger „anzurufen" wagt. Von da ab entwickelt es sich zu einem Leitmotiv, in dem der Roman seinen Höhepunkt und Abschluß findet. (vgl. 317, 318, 324, 330, 337, 338) Die Bedeutung der Wand als Sinnbild der Trennung ist offenkundig; weniger deutlich ist die Tatsache, daß sowohl die Erzählerin als auch Ivan Teil dieser Wand, also identisch mit ihr sind. Dennoch läßt der Text an solcher Identifizierung keinen Zweifel. „Aber die Wand tut sich auf," berichtet die Erzählerin gegen Ende des Romans, „ich bin in der Wand, und für Malina kann nur der Riß zu sehen sein, den wir schon lange gesehen haben." (336) Bachmanns ohnehin symbolischer Erzählstil verdichtet sich in der Auflösung und Zusammenfassung des Romans um ein weiteres. Im folgenden Abschnitt wird nicht nur Ivan, sondern auch die verlorene Fähigkeit einer Liebesanrufung mit der Wand identifiziert: „es ist etwas in der Wand, es kann nicht mehr schreien, aber es schreit doch: Ivan!" (ebd.) Bachmanns Roman endet mit einer solchen Schrei-Wand, mit dem als gesonderten Abschnitt ausgewiesenen Wand-Schrei des Schlußsatzes: „Es war Mord." (337) Nicht allein die Kommunikation mit Ivan hat aufgehört, die Möglichkeit des (erzählerischen) Ausdrucks ist nicht länger gegeben: aus dieser Wand kann „nie mehr etwas laut werden." (ebd.) So endet auch *Malina* in einem Verstummen, das in seiner Bedeutung weit über das Werk hinausreicht. Ingeborg Bachmann zeichnet die „Todesarten" gesellschaftlicher und gewaltsamer Beziehungen, die zum Verstummen ihrer Sprache, ihrer weiblichen und dichterischen Ausdrucksfähigkeit führen.

Auch die Briefe, die die Erzählerin im ersten Dialog mit Malina diskutiert, erweisen sich als „Anrufungen", als Appelle einer nicht verwirklichten Mitteilbarkeit. Sie sind mit der „Flaschenpost" Paul Celans vergleichbar.

> Auf diese Briefe, die ich alle nicht abschickte, kommt es mir aber an. Ich muß in diesen vier, fünf Jahren etwa zehntausend Briefe geschrieben haben, für mich allein, in denen alles stand.
> (243)

Der Verdacht liegt nahe, daß auch der Roman *Malina* von Bachmann in entsprechender Weise für sich allein geschrieben wurde. Die ständige Ich-Bezogenheit, die ja nur vordergründig fiktionalisiert wird, scheint eine solche Vermutung zu bestätigen. Dann wäre das Erzählwerk insgesamt als „Anrufung" Bachmannscher Prägung zu verstehen. Tatsächlich appelliert das erzählerische Ich im zweiten Dialog mit Malina:

> Verstehst du, meine flammenden Briefe, meine flammenden Aufrufe, meine flammenden Begehren, das ganze Feuer, das ich zu Papier gebracht habe, mit meiner verbrannten Hand...
> (245)

Im Hinblick auf die tödliche Verbrennung der Autorin liest sich das, bei aller gebotenen Zurückhaltung, wie ein autobiographisches Bekenntnis, wie ein Reflexionsaufruf des Bachmannschen Selbstverständnisses. Die Gespräche mit Malina werden im dritten Kapitel als die „letzten Dialoge" (246) ausgewiesen, womit erneut auf seinen Titel Bezug genommen wird. Zugleich beziehen sie sich aber auf „die erratischen Monologe" (101), von denen im Interview mit Herrn Mühlbauer im ersten Kapitel bereits die Rede gewesen ist. Auch dieses Interview ist übrigens die kaum verhüllte Fiktionalisierung eines Presseinterviews mit der Schriftstellerin Ingeborg Bachmann. Es geht bei den Dialogen mit Malina um eine literarische Eigenanalyse der Autorin. Gemeinsam mit den Anrufungen Ivans bilden sie die widersprüchlichen Wesenszüge ihrer weiblichen Einbildungskraft. In dem Gegensatz ihrer Liebe offenbart sich ihre Liebe zum Gegensatz. Die Gewalt liegt im Widerspruch, ist also ein Bestandteil der Bachmannschen Sensibilität: sie selbst beschwört ihre Vergewaltigungen herauf. Einer der aufschlußreichsten Sätze dieses Romans lautet: „Ich, zum Beispiel, war sehr unzufrieden, weil ich nie vergewaltigt worden bin." (273) Bachmann will ihn nicht nur auf sich selbst, sondern paradigmatisch auf das Wesen der weiblichen Vorstellungskraft bezogen wissen. „Man hält es nicht für möglich," erklärt sie wenig später,

> aber außer ein paar Betrunkenen, ein paar Lustmördern und anderen Männern, die auch in die Zeitung kommen, bezeichnet als Triebverbrecher, hat kein normaler Mann mit normalen Trieben die naheliegende Idee, daß eine normale Frau ganz normal vergewaltigt werden möchte. Es liegt natürlich daran, daß die Männer nicht normal sind...
> (274)

Das ist durchaus als Aufruf, als widersprüchlicher Appell gemeint. Im Gegensätzlichen liegt die Bachmannsche, ihr zufolge: die weibliche Identität. Schreiben selbst ist ein solcher Widerspruch für die Autorin, konsequenterweise macht sie ihn zum Thema ihrer schriftstellerischen Gestaltung. Der Erzählerin wird einmal ein Horoskop aufgestellt. Auch diese fiktionale Wahrsagung bestimmt ihre widersprüchliche Identität, die das eigentliche Thema des Romans bleibt.

> ...sie sagte, eine unheimliche Spannung sei schon auf den ersten Blick daraus zu lesen, es sei eigentlich nicht das Bild von einem Menschen, sondern von zweien, die in einem äußersten Gegensatz zueinander stünden, es müsse eine dauernde Zerreißprobe für mich sein, bei diesen Aspekten, falls ich die Daten genau angegeben hätte. Ich fragte höflich: Der Zerrissene, die Zerrissene, nicht wahr?
>
> (248)

Die Zerrissenheit der Autorin personifiziert sich in den gleichzeitig, aber unterschiedlich geliebten Ivan und Malina. Der allmähliche Rückzug Ivans äußert sich wiederum in sprachlichen Zeichen. „Es kann doch nicht sein," klagt die Erzählerin, „daß die Sätze, zu denen wir so langsam gefunden haben, uns auch langsam verlassen." (253) Der erste Anruf Ivans im dritten Kapitel variiert das Thema der „gestundeten Zeit". Die Zeit, die die Liebenden einst glücklich miteinander verbracht haben, wird in diesen fragmentarischen „Anrufungen" zurückgenommen: „Ich habe leider, ich bin mit der Zeit/Wenn du natürlich in so einem Zeitdruck bist/Nur heute habe ich besonders wenig Zeit/Selbstverständlich, wenn du jetzt keine Zeit hast...". (ebd.) Es wäre allzu kühn, wollte man in der Gestalt Ivans eine frühere Schaffensperiode im Werk Ingeborg Bachmanns, beispielsweise die lyrische Dichtung erkennen. Freilich spräche das Nebeneinander von Prosatexten und Gedichten in der Werkgeschichte Bachmanns kaum dagegen: auch der Roman gestaltet ja von Anfang an ein Doppelverhältnis der Autorin mit Ivan und Malina. Mit Sicherheit läßt sich nurmehr sagen, daß eine „Anrufung" Ivanscher Prägung schließlich nicht länger möglich ist und erstickt. „Ivan ist nicht mehr Ivan," erklärt die Erzählerin einmal. (314) Das zweite Telephongespräch mit Ivan gipfelt in einem nicht eingelösten Versprechen: „Ich rufe dich noch später an!" (295) Auch das ist mit Sicherheit symbolisch gemeint. Ivan verkörpert in dieser werktheoretischen Eigenreflexion Ingeborg Bachmanns „die Schönheit", eine (wie das Gedicht?) selbstgenügsame Schönheit. Der Verlust einer solchen Schönheit gehört also ganz wesentlich zu ihrem Charakter. Die Künstlerin Bachmann stellt diesem Verlust den Drang und die Fähigkeit, das Schöne zu schaffen an die Seite. Darin liegt der tiefere Sinn ihrer sprachlichen Gestaltung Ivans. Der folgende Absatz thematisiert den Konflikt einer zu schaffenden selbstgenügsamen Schönheit:

> Das Schöne kommt nicht mehr aus mir, es hätte aus mir kommen können, es ist in Wellen von Ivan zu mir gekommen, der schön ist, ich habe einen einzigen schönen Menschen gekannt, ich habe immerhin noch die Schönheit gesehen, zuletzt bin ich doch ein einziges Mal schön geworden, durch Ivan.
>
> (304)

Kein Zweifel: in den Gestalten Ivan und Malina reflektiert Ingeborg Bachmann ihre eigene Werkästhetik, die eigene künstlerische Einbildungskraft. Selbstkritisch (und unter erneut unmißverständlichem Bezug auf Ivan) klagt die Erzählerin:

> ich denke an mein Buch, es ist mir abhanden gekommen, es gibt kein schönes Buch, ich kann das schöne Buch nicht mehr schreiben...
>
> (303)

Deutlich werden so der *eine einzig schöne Mensch* und das *schöne Buch* einander gegenübergestellt. Die Darstellung des Menschen führt zu keiner entsprechenden Schönheit. An ihre Stelle tritt die Gewaltsamkeit des Widerspruchs. Bachmanns Konflikt erinnert erneut an Platens *Tristan:*

Wer die Schönheit angeschaut mit Augen,
Ist dem Tode schon anheimgegeben...

Bachmanns Romangestalten sind in der Tat die (reflektierte) Betrachtung einer „Anschauung". Der geistige Malina flüstert der Autorin unentwegt ein: „Töte ihn! töte ihn!" (305) Der „Mord" an Ivan ist die Absage an eine selbstgenügsame Schönheit. Das „schöne Buch" *Malina* erweist sich seinerseits als eine „Todesart". Die Reflexion siegt über die Liebe zur sinnlichen Gestaltung. Es gibt eine geistige Präsenz, die die Erzählerin mit Malina zu teilen vermag, eine „hellseherische" Einbildungskraft, die eine Identifizierung besonderer Art ermöglicht. Im Ausgedachten treffen Malina und die Autorin zusammen. Bezeichnenderweise spricht das erzählerische Ich einmal in einem Dialog mit Malina ausdrücklich von „meiner Gedankenbühne." (286) Das Ich-Theater, der dramatische Eigendialog wird somit unmißverständlich als geistige Reflexion ausgewiesen. Zwar reagiert auch Malina gewaltsam auf seine Konfrontation mit dem „Todesarten"-Manuskript (vgl. 288-289), doch bezieht er sich (im Gegensatz zu Ivans Reaktion) auf die spezifisch geistige Einbildungskraft seiner Autorin, der er hellseherische Fähigkeiten bestätigt. So endet der Dialog, in dem ihm die Erzählerin ihre „Todesarten"-Fiktion präsentiert, mit dem folgenden Austausch:

        Ich: Nein, das habe ich mir so ausgedacht.
        Malina: Es ist aber wahr. Und, woher weißt du es?
        Ich: Ich kann es doch nicht wissen, wie kann es also
                    wahr sein?
               (289)

Malina erkennt sich und sein Leben in dieser Darstellung wieder. Er wird zum Geschöpf der Erzählerin. Aber dieses Verhältnis ist und bleibt über weite Strecken hinaus ein vornehmlich geistiges; Malina und das erzählerische Ich teilen die eine intellektuelle Reflexionsidentität. Vielleicht in Erinnerung und Angleichung an ihre Libretti für musikalische Werke von Hans Werner Henze gestaltet Bachmann die Malina/Ich-Dialoge nach der Auseinandersetzung mit dem „Todesarten"-Manuskript als eine Art literarischer Notenschrift. Mit nur zwei Ausnahmen (20,23) werden von da ab die Ausdrucksformen der menschlichen Stimmen musikalisch charakterisiert. Bachmann sucht die Musik in ihrer „neuen Sprache" nachzuahmen, sie in ihre eigenwillige Prosa zu integrieren. Auch formal zitiert sie damit „Anrufungen". Konkret beziehen sich die dann auch tatsächlich erscheinenden musikalischen Notenbeispiele (319), die im dritten Kapitel ihrerseits das Notenzitat der Einleitung zitieren (15), auf den *Pierrot lunaire* von Arnold Schoenberg. „Mir fällt ein," erklärt die Erzählerin, „was Malina zum erstenmal für mich gespielt hat, ehe wir anfingen, miteinander wirklich zu reden..." (319) Es ist eben diese Passage. Ihre Notenschrift wiederholt eine vorsprachliche Kommunikation. Sie kennzeichnet das Wesen ihres Verhältnisses zu Malina, der sie hellseherisch nennt und doch selber wie ein Doppelgänger durchschaut. Gegen Ende des Romans signalisiert die Rückkehr zum musikalischen Ausdruck die Intimität ihres geistig-sinnlichen Bezuges. Jetzt übernimmt zuerst die Erzählerin das Motiv „O alter Duft aus Märchenzeit!", die Anspielung wird sogleich verstanden: Malina stimmt ein „und spricht halb und singt halb und nur hörbar für mich." (ebd.) Sie zitieren sich gegenseitig, auch erzählformal. Genau das ist der Sinn und die Logik der Malina/Ich-Dialoge, die den Roman zusammenhalten. Es sind fiktionale Selbstverfremdungen und Selbstzitate in einem. Zugleich aber bezieht sich die Notenschrift auf ihr heimatliches Wien, konkret: auf den Wiener Stadtpark. In der Einleitung des Romans heißt es, daß für die Erzählerin „ein kalkweißer Pierrot mit überschnappender Stimme...in diesem Stadtpark" das Schoenberg-Motiv „angetönt hat." (15) Es ist nicht nur eine dämonische Nostalgie, die Bachmann hier zum Ausdruck bringt; die Sehnsucht nach der Märchenzeit, die im Roman wiederholt im Märchen der Prinzessin von Kagran (62ff.) als Gegenversion des *Todesarten*-Buchs dargestellt wird, problematisiert ja vor allem das Wesen einer gesellschaftlich und historisch verbindlichen Ausdruckskunst, – mit anderen Worten: die Ästhetik des Bachmannschen Erzählstils. (Daher erscheint diese werktheoretische Andeutung in der Einleitung des Romans.) Der kalkweiße Pierrot ist eine grotesk tödliche Gestalt, seine „überschnappende Stimme" die Verzweiflung einer verlorenen Harmonie des Ausdrucks. Ganz sicherlich zeichnet Bachmann mit ihm die „Todesarten" einer epigonalen österreichischen Kunst allgemein. So ist es denn bedeutsam, daß die Erzählerin weder mit Ivan noch mit Malina den Ort dieser verlorenen Ausdrucksharmonie heimisch, das heißt: dem Liebesverhältnis zugehörig zu gestalten vermag. „Zu diesem Stadtpark," berichtet sie, „zu dem wir nicht fahren müßten, haben wir eine abstinente und unherzliche Beziehung, und ich erinnre mich an nichts mehr aus Märchenzeit." (16) Ivan mag ihr wie das Versprechen einer neuen Unmittelbarkeit erschienen sein. Doch auch Malina zeigt kein Interesse daran, daß die Magnolien im Stadtpark blühen: „er kennt den Satz mit den Magnolien schon." (ebd.) Der eine Liebhaber nimmt den kalkweißen Pierrot nicht zur Kenntnis, der andere kennt ihn schon. Um so bezeichnender ist die Tatsache, daß Malina und die Erzählerin nach ihrer neuerlichen Identifizierung mit dem Pierrot-Motiv wieder durch den nächtlichen Stadtpark, dem gepflegten Ort einer tödlichen Harmonie gehen. In einem sprachlich großartigen Erzählabschnitt gelingt es Ingeborg Bachmann, diesem gemeinsamen Gang durch „den totgesagten Park" die ganze dämonisch schwermütige Sinnlichkeit und das für die österreichische Literatur so charakteristische Bewußtsein der Epigonalität zu verleihen. Es ist der Gang durch eine Kultur, die das Leben nur noch als Variationen von „Todesarten" zu gestalten vermag, der Gang durch ein künstlerisches Purgatorium, geführt von Hofmannsthal, George und Trakl in der Begleitung des Zeitgenossen Thomas Bernhard.

> Wir haben uns schnell verabschiedet und gehen zu Fuß nach Hause und im Dunkeln sogar durch den Stadtpark, in dem die finsteren schwarzen Riesenfalter kreisen und die Akkorde stärker zu hören sind unter dem kranken Mond, es ist wieder der Wein im Park, den man mit Augen trinkt, es ist wieder die Seerose, die als Boot dient, es ist wieder das Heimweh und eine Parodie, eine Gemeinheit und die Serenade vor dem Heimkommen.
> (320)

Der Satz zählt zu den Höhepunkten Bachmannscher Prosa, Passagen von vergleichbar umfassender Tiefe sind ihr kaum mehr gelungen. Heimweh, Parodie, Gemeinheit und die Serenade vor dem Heimkommen: mit Malina teilt die Erzählerin dieses widersprüchliche Bekenntnis zur geistigen Herkunft, gemeinsam finden sie sich „Wieder wandelnd im alten Park." (Georg Trakl, *Im Park*) Kurz vor Romanschluß nimmt Bachmann noch einmal auf die „alte Märchenzeit" des *Pierrot lunaire*-Motivs Bezug. In charakteristischer Fiktionalisierung ihres eigenen Bewußtseinskonflikts erzählt sie das Wunschmärchen Ivans: „Es war einmal eine Prinzessin, es sind einmal die Ungarn heraufgeritten aus dem ins Unerforschbare reichenden weiten Land...". (334) Der Abschnitt ist im Rahmen des Romans wiederum ein zitathafter Selbstbezug (vgl. 62). Das „Es war einmal" ihrer märchenhaften Liebe feiert nicht nur den Verlust des Geliebten. Ivan ist gebürtiger Ungar („geboren 1935 in Ungarn, Pécs (vormals Fünfkirchen)", lautet die Personenangabe in der Einleitung, 11), die Erzählerin wohnt in der „Ungargasse". (12) Malina stammt aus dem gleichen südöstlichen Grenzland wie die Autorin selber. (20) Es kann also kaum bezweifelt

87

werden, daß Ingeborg Bachmann mit ihrem Roman das kulturelle Bewußtsein des spätgeborenen Künstlers zur geschichtlichen Vergangenheit eines Österreich-Ungarn darzustellen sucht. Es ist ein großer Abschiedsgesang, die Auflösung einer doppelten Liebe, zugleich aber das Bekenntnis zur begrenzten Existenz, zur Heimat im Grenzland. Umsonst hat sich die Erzählerin bemüht, die „alte Märchenzeit" in der privaten Welt der Ungargasse 6, Wien III erneut zu verwirklichen.

> Mein Königreich, mein Ungargassenland, das ich gehalten habe mit meinen sterblichen Händen, mein herrliches Land, jetzt nicht mehr größer als meine Herdplatte, die zu glühen anfängt, während der Rest des Wassers durch diesen Filter tropft...
> (334)

Der Versuch eines menschlichen Nachvollzugs geschichtlicher Bestimmungen scheitert. „...unser Auseinandergeraten," läßt Bachmann die Erzählerin erklären, „ist furchtbarer als jedes Aneinandergeraten. Ich habe in Ivan gelebt und ich sterbe in Malina." (335) Ihre Identifizierung mit Malina erweist sich als eine „Todesart". Seinetwegen kann es zu keiner geschlossenen, harmonischen Erzählform kommen. Die Erinnerung, die die Autorin nicht zum Erzählen kommen, die sie auch im persönlichen Bereich die Geschichte Österreich-Ungarns nicht nachvollziehen läßt, ist die gemordete Liebe zu Ivan, zu Ungarn, eine Liebe, die keine Anrufung mehr zurückzubringen vermag. Malina wird so zum personifizierten Erzählprinzip des gewaltsamen Verschweigens. Im letzten Malina/Ich-Dialog wird ihm ausdrücklich die Verbindung literarischer und historischer Geschichten, die erzählerische Geschichtsvermittlung übertragen. Das Ich macht Malina für die episodenhaften Geschichten des Erzählberichts und für „die große Geschichte" der gesellschaftspolitischen Erinnerung, für das fragmentarisch unterbrochene Erzählprotokoll des Romans und für die historisch „alte Märchenzeit" verantwortlich. Ein letztes Mal faßt die Autorin die Werkästhetik und Stilperspektiver ihres Österreich-Romans zusammen:

> Ich wollte erzählen, aber ich werde es nicht tun. (mesto) Du allein störst mich in meiner Erinnerung. (tempo giusto) Übernimmst du die Geschichten, aus denen die große Geschichte gemacht ist. Nimm sie alle von mir.
> (332)

Die Privatisierung der Geschichte will nicht gelingen, sie ist eine mörderische Vergewaltigung. *Malina* ist das Eingeständnis einer Niederlage der Erzählerin. Der Roman gelingt nur im und als Widerspruch, wie alle sich epigonal erhpfindende Literatur. Es wird trotz gegenseitiger Beteuerung widersprüchlich erzählt. Malina ist das verschwörerische, komplizenhafte Einverständnis mit dem Erzählgestus einer ästhetisch nur im Gegensatz nachvollziehbaren Anrufung geschichtlicher Ereignisse. Er verunmöglicht die liebevolle Identifizierung, an ihre Stelle setzt er eine Identifizierung durch intime Verfremdung. Im Aufprall der Ivan und Malina ausweisenden Formen (Anruf-ung und Dialog) wird der andauernde Liebesbezug zur österreichisch-ungarischen Vergangenheit gewaltsam und endgültig geleugnet. Der Roman endet mit der „sehr alten" und „sehr starken Wand" (337) einer mörderischen Trennung. *Malina* ist das fiktionale Dokument einer großen Liebe und eines großen Verlusts. Ingeborg Bachmanns Invokation österreichischer Geschichte gestaltet keine nostalgisch rekonstruierte Einheit des untergegangenen Österreich-Ungarn, sie lamentiert auch nicht den unwiederholbaren Glanz („tu felix Austria") ihres einstmals kaiserlich-königlichen Vaterlandes („Glücklich mit Ivan"), sondern bekennt sich zum Sterben „in Malina" (335), zur „Todesart" des kalkweißen Pierrot mit überschnappender Stimme, zum gebrochenen Zitat der verlorenen „Märchenzeit." Sie bleibt sich ihrer nicht nur geographischen Herkunft treu, als erzählerische Reflexionsgestalt einer Grenzexistenz, ihres „Nebellands", ihrer „Welt, in der viele Sprachen gesprochen werden und viele Grenzen verlaufen." (*Biographisches*, 302)

* * *

In ihrer Vorrede zum unvollendet gebliebenen Roman *Der Fall Franza* bezeichnet Ingeborg Bachmann das Werk als „ein Buch über ein Verbrechen." (341) Es handelt sich dabei erneut um das Verbrechen der Vergewaltigung. Bachmanns Roman zeigt, wie eine Frau auf die verschiedenen Grade und Arten der Vergewaltigungen — individuelle, gesellschaftliche und selbstzugefügte — psychologisch und emotional, gelegentlich auch intellektuell reagiert. „Die wirklichen Schauplätze" sind für Bachmann „die inwendigen." (342) Das aufgezeichnete Seelendrama bezeugt keine Verinnerlichung sozialabgewandter Ich-Erotik, auch wenn die Autorin programmatisch verkündet: „...es ist das Innen, in dem alle Dramen stattfinden...". (ebd.) In *Requiem für Fanny Goldmann* hätte die Literatur selbst als eine mögliche (und häufig benutzte) Form der Vergewaltigung behandelt werden sollen; die Entwürfe zum dritten Roman zeigen unmißverständliche Ansätze in dieser Richtung. *Der Fall Franza* liest sich wie eine Vorbereitung auf dieses Thema. Hier ist es der wissenschaftliche Ehemann, der seine Frau zum Versuchsobjekt reduziert, sie zu einem (im Titel angesprochenen) „Fall" werden läßt. Franziska Ranner flüchtet aus der ehelichen in eine andere tödliche Vergewaltigung. Bachmann kommt es dabei auf das musterhaft Austauschbare dieser Erfahrung an. Ihr Fiktionskonzept leitet sich durchaus davon ab: sie erzählt hypothetisch stellvertretend. Bereits der zweite Abschnitt des Romans nimmt sich diese Erzählweise werkimmanent zum Thema. Der sprachliche Darstellungsprozeß wird dort mit einer Fahrt durch einen Tunnel verglichen. Bachmann stellt einen jungen Mann vor, der „Martin Ranner, aber ebensogut Gasparin heißen könnte, und man wird sehen, wenn nicht überhaupt noch ganz anders." (345) Fiktion ist eine Wandlung ins musterhaft Mögliche, ein dunkler, fast mystischer Vorgang. Bachmann verselbständigt die Sprache, doch stets nur als Bild eines Bildes.

> Das Papier aber will durch den Tunnel, und eh es einfährt (aber da ist es schon eingefahren!), ehe es, da ist es noch unbedeckt mit Worten, und wenn es herauskommt, ist es bedeckt und beziffert und eingeteilt, die Worte formieren sich, und mitgebracht aus der Finsternis der Durchfahrt (bei nur blauer Lampe) rollen die Einbildungen und Nachbildungen, die Wahnbildungen und Wahrbildungen ans Licht, rollen hieraus aus einem Kopf, kommen über einen Mund, der von ihnen spricht und behauptet und es verläßlich tut wegen des Tunnels im Kopf, aber auch dieser Tunnel ist ja nicht da, ein Bild nur, von Zeit zu Zeit unter einer bestimmten Schädeldecke, die aufzuklappen auch wenig Sinn hätte, denn da wäre noch einmal nichts, keiner der beiden Tunnel.
>
> (346)

Das ist eine Schlüsselpassage Bachmannscher Werkästhetik. Deutlich mythologisiert sie die Genese eines literarischen Erzählprozesses; der Absatz schildert eine Geburt „aus der Finsternis der Durchfahrt" von „Einbildungen" und „Nachbildungen", sprachdichterischen Bildungen aller Art. Die Erotik einer solchen Tunnel-Analogie ist offenkundig. Erneut treffen die gleichen Aspekte der Bachmannschen Einbildungskraft in diesem werktheoretischen Selbstbezug aufeinander: der Eros sprachlicher Gestaltung und der Hang zur Mythologisierung. Beide werden durch das zentrale Konzept der Vergewaltigung aufeinander bezogen. Bachmann weiß, daß auch die literarische Darstellung ohne Gewalt nicht auszukommen vermag. Eben diese sprachliche

Vergewaltigung mythologisiert sie in fiktionaler Eigengestaltung. Der Sinn ihres Exkurses wird am Ende des dritten Romanabschnitts deutlich. Dort verkündet Bachmann ihr nicht nur ästhetisches Credo: „Denn die Tatsachen, die die Welt ausmachen – sie brauchen das Nichttatsächliche, um von ihm aus erkannt zu werden." (ebd.) Das ist eine Apologie der Fiktion, die nicht zufällig auf den Roman *Malina* Bezug nimmt. Im dritten Kapitel schildert die Erzählerin dort die Genese der reportagehaften „Wirklichkeit", also genau das Gegenteil von dem, was sie zu Beginn des Romans *Der Fall Franza* darzulegen sucht. Auch die Nachrichten über die Wirklichkeit erweisen sich als gemacht; die angeblich objektive Berichterstattung der „Tatsachen, die die Welt ausmachen", gibt sich als Willkür und Betrug zu erkennen.

> Es ist ein unglaublicher Betrug, ich habe einmal im Nachrichtendienst gearbeitet, ich habe den Betrug aus der Nähe gesehen, die Entstehung der Bulletins, das wahllose Zusammensetzen der aus den Fernschreibern herausquellenden Sätze. (257)

Für eine richtige Einschätzung der Bachmannschen Fiktionsästhetik ist diese in *Malina* autobiographisch festgehaltene Erfahrung von nicht zu überschätzender Bedeutung. Auch das Erlebnis ist nicht frei von einer rollenmäßig geschlechtlichen Ausübung der Gewalt: „Die Männer" in der Depeschenagentur „warfen mir," so entsinnt sie sich, „die Nachrichten auf meinen kleinen Tisch mit der Schreibmaschine herüber, von einer zufälligen Laune ausgewählte Nachrichten, und ich schrieb sie ins reine." (ebd.) Das liest sich wiederum kaum zufällig, als wären „die Männer" für die gewaltsame Willkür der „Tatsachen, die die Welt ausmachen" verantwortlich. Dann wäre die „Geburt" des „Nichttatsächlichen", die den angeblichen Tatsachen durchaus aggressiv entgegengesetzten „Einbildungen" der Mythologie und Fiktion für Ingeborg Bachmann die spezifisch weibliche Erkenntnisquelle der „Welt." Kommunikation zwischen Bruder und Schwester heißt: „Er versorgte sie wie eine Nachrichtenagentur und ein Märchenerzähler...". (427)

Charakteristisch ist wiederum, daß Franziska noch während ihrer Ehe geheime Briefe an den Bruder und an Freunde und einen „Geliebten" (354) schreibt, sie jedoch nicht abschickt. Erneut handelt es sich um „Anrufungen" Bachmannscher Prägung. (353-354) Die Flucht vor der Gewalt führt die gemütskranke Frau „heim nach Galicien" (356), zurück in das Dorf, das die Erzählerin kompromißlos mit der Gleichung „Galicien, die Liebe" (357) geradezu formelhaft bestimmt. Die Liebe jedoch wird im folgenden ihrerseits neu definiert, zunächst noch in stockender Erinnerung: „die Liebe aber ist – der Satz hatte ganz anders geheißen, es war ihr Kult-Satz gewesen: unter hundert Brüdern." (ebd.) Erst gegen Ende des ersten Kapitels wird der Zitatsatz vervollständigt und damit richtungsweisend für die Entwicklung und Bedeutung der Romanhandlung: „Unter hundert. Sie blieb stecken und strich den Wirtschaftsteil glatt, unter hundert Brüdern...Unter hundert Brüdern dieser eine. Und er aß ihr Herz. Nun, und? Und sie das seine." (397) Nur einmal noch, als Franziska kurz vor dem Eintreten ihres Todes das Bewußtsein verliert, erscheint das unvollständige Zitat. Kurz vor dem Ende des dritten Kapitels heißt es das letzte Mal: „Unter hundert Brüdern." (469) Bezeichnend ist, daß der Liebessatz ausdrücklich als ein „Kult-Satz" (357) ausgewiesen wird und daß die in diesem Satz ausgedrückte Liebe inzestuöse Gewalt und einen kannibalistischen Eros beinhaltet.

Die Liebe ist jedoch auch in diesem Roman lokalisierbar. Was in *Malina* die Ungargasse bedeutet, meint Galicien in *Der Fall Franza*. Beide sind das Liebesland, der Liebesort, dabei gleichzeitig

Fluchtpunkt des vergewaltigten Ichs. Für Bachmann bedeutet Galicien die Fiktionalisierung einer Rückkehr in ihr eigenes Land der Kindheit, in das „Dreiländereck", das „Dreispracheneck." (358) Galicien war, so heißt es einmal nostalgisch, „groß gewesen, ein Reich und ein Name." (363) Mit äußerster Behutsamkeit läßt sich aus dieser „Anrufung" der (verlorenen) Heimat eine religiöse Bedeutung ablesen. Der ausdrückliche Hinweis auf die Bibel (356) dürfte eine solche Lesart (die indes nicht überbetont werden sollte) bestätigen. Die biblische Anrufung „Heim nach Galicien, Matth. 12, 20" (ebd.) bezieht sich unmißverständlich auf das Versprechen einer seelischen Heilung und Rettung: „20 Das zerknickte Rohr wird er nicht zerbrechen und den rauchenden Docht nicht auslöschen, bis er das Recht zum Siege hinausgeführt hat." Galicien ist zugleich der heimatliche Ort der „ersten Liebe." (383) In enthüllender Weise wird diese jungfräuliche Liebe zugleich versprachlicht und vergewaltigt. „Besetzen, das war ein Wort, an dem Franza herumhoffte," (375) heißt es und kurz darauf:

> Vergewaltigen, das war ein anderes Wort, unter dem Franza sich frühlingszeitraubende Dinge vorstellte, und da sie mit niemand sprechen konnte, wurden Vergewaltigung und Streitmächte zu ersehnten Idolen und den Ereignissen, die im Kommen waren.
> (376)

Es ist bezeichnend, daß Liebe hier nicht nur zur Vergewaltigung in ursächlichen Bezug gesetzt, sondern darüber hinaus auch ausdrücklich mit einem heimatlichen Ort, eben dem Liebesdorf Galicien, identifiziert wird. Wie immer bei Bachmann, erweist sich die Versprachlichung selbst bereits als Ausdruck der Liebe *und* der Vergewaltigung. Die Autorin bleibt dem Eros der Sprache verfallen, wohl wissend, daß sie nicht nur gestaltet, sondern immer auch wesensgemäß vergewaltigt. Franzas erste Liebe wird nicht nur sprachlich dargestellt, sie verwirklicht sich allein in der Sprache. Ihr Umgang mit Lord Percival Glyde erschöpft sich in Übersetzungsversuchen, in fremdsprachlichen Anrufungen. In diesem Zusammenhang wird erneut das Lokal der sprachlichen Liebe, der vorgestellten Vergewaltigung hervorgehoben. „Auf Franzas Schultern lag ganz Galicien," (378) betont der Erzählbericht, als sie sich bemüht, mit den englischen Besatzungssoldaten ins Gespräch zu kommen. „,...sie stellte Sätze zusammen und hoffte, sie würde sie auch aussprechen können...". (379) Es ist dabei charakteristisch, daß sie sich bemüht, ein Schillersches Pathos ins Englische zu übersetzen. Literatur und Wirklichkeit prallen im Eros ihrer (noch zu prägenden) Sprache aufeinander; auch das ist eine Form der Vergewaltigung. Selbst wo sie sich spezifisch auf Captain Glyde bezieht (den sie durchweg als „Sire!" anredet), rezitiert sie weiterhin Literatur. Doch ihre Sprache erotisiert sich zunehmend; schon bald heißt es: „sie holte ihm mit den Augen die Worte vom Mund." (380) Es paßt in dieses Erlebnisbild einer fremdsprachigen Liebe, daß sich Franza zu einem Mann in Beziehung setzt, der „sie nicht wollte und auch nicht vergewaltigen." (382) Die Vergewaltigung liegt darin, daß sie nicht stattfindet; sie bleibt Vorstellung. Der heimatliche Ort der Liebe bedeutet keine Erfüllung, sondern die lokalisierte Sehnsucht. Nach der Rückkehr zu einem solchermaßen bestimmten Galicien kommt es in den beiden restlichen Kapiteln des Romans zur *Ausfahrt*, zur neuerlichen „Landnahme." Nach den Krisen des Grenzlandes soll die heimatliche Sehnsucht im Ausland eingeholt werden. Die Heilung und das Heil werden in der Fremde gesucht.

Es ist ein charakteristisches sprachliches Merkmal des Bachmannschen Erzählstils, daß Franzas ehelicher Name Jordan die Fluchtrichtung ins arabische Land andeutet. Die Überschrift des zweiten Kapitels erweist sich somit als bewußt mißverständlich: die „Jordanische Zeit" bezieht sich rückblickend auf Franzas Eheleben, dem sie endgültig zu entkommen hofft. Wie im zweiten Kapitel des Romans *Malina* schildert Bachmann hier Angstträume, die sich nicht nur auf den zurückgelassenen Ehemann, sondern vor allem wiederum auf den väterlichen Mörder beziehen. Das zentrale Thema des zweiten Kapitels ist die Angst. In ihren Alpträumen spricht Franza erstmals direkt als Erzählerin. „Ich rede über die Angst," (406) erklärt sie und bezeugt damit auch die formale Motivation des erzählerischen Monologs. Die Angst läßt sie ein Selbstgespräch führen. Der objektive Erzählstil weicht in diesen Passagen einer intimen Eigenreflexion. Hier will Franza — und damit die Autorin Ingeborg Bachmann — nur zu sich selber sprechen; es ist kein Zufall, daß sie sich bei solcher Gelegenheit erinnert: „mein Publikum war mein Mörder." (ebd.) Aber auch diese Form ist Täuschung, ist Fiktion. Bachmann sucht eine Erzählform ohne Publikum vorzutäuschen. Aber selbst in ihren Angstträumen wird sie von ihm heimgesucht. Die Angst wird so zum Synonym der Vergewaltigung. „Die Angst ist nicht disputierbar, sie ist der Überfall, sie ist der Terror, der massive Angriff auf das Leben," (ebd.) definiert Franza in ihrer formfiktionalen Selbstrechtfertigung. Das „Publikum" beginnt ausdrücklich mit dem (Ehe-)Partner, der sein menschliches Gegenüber beobachtet, analysiert, zum „Fall" gestaltet. Jede nicht geteilte Identität bestimmt sich so als „Publikum." Der Verrat einer empfindlichen Intimität, die Vergewaltigung einer zerbrechlichen Liebe läßt sich an den Notizen des Ehemannes ablesen: „F.s Vorliebe für Zungenkuß stop, Gier nicht Sinnlichkeit stop, ich glaube, ich ersticke noch vor Lachen, F. bei Telefongespräch beobachtet. F. vermutlich lesbisch." (407-408) Bachmann plädiert für eine spontane Sensibilität, die sich auch am Widerspruch zum geliebten Partner identifiziert, für eine (selbst)kritische Subjektivität, die sich nicht zum Publikum des anderen macht, sondern ihre eigenen Vorstellungen zu verwirklichen sucht. In einem gesonderten Absatz werden Franza die folgenden verallgemeinernden Gedanken in den Mund gelegt:

> Was hat ein Jordan zu hassen und vereiteln an einem Menschen. Ich glaube, das ist es! Man vereitelt den anderen, man lähmt ihn, man zwingt ihm sein Wesen ab, dann seine Gedanken, dann seine Gefühle, dann bringt man ihn um den Rest von Instinkt, von Selbsterhaltungstrieb, dann gibt man ihm einen Tritt, wenn er erledigt ist.
> (410)

Das ist die zentrale Thematik nicht nur dieses Romans, sondern der gesamten *Todesarten*-Trilogie. Die Zerstörung eines Menschen wird paradoxer-, ja perverserweise durch Liebe ermöglicht: der Liebende liefert sich dem Geliebten aus. Immer wieder kommt Bachmann in ihrer Prosa und in ihrer Lyrik auf diese Grunderfahrung zurück. Sie hat ihr Menschenbild in entscheidender Weise geprägt. In Anlehnung an Hans Magnus Enzensberger (*verteidigung der wölfe gegen die lämmer*) läßt Bachmann Franza erklären: „Ich kann mich mit den Wölfen versöhnen, mit den Menschen nicht." (ebd.) In ihrer Frankfurter Vorlesung *Über Gedichte* wählt Ingeborg Bachmann bezeichnenderweise eben dieses Enzensberger-Gedicht, um „einen erkenntnishaften Ruck" (210) zu demonstrieren. (Aus Max Frischs autobiographischem Roman *Montauk* läßt sich weiteres über die auch persönlich engen Beziehungen zwischen Bachmann und Enzensberger ablesen. Vgl. M.F., *Montauk*, Frankfurt a.M. 1975, 144-151)

Das zweite Kapitel des Romans *Der Fall Franza* rekonstruiert, erinnert und erträumt noch einmal die Vergewaltigung einer liebenden Frau. Die gewaltsame Zerstörung ihrer Liebe führt zu einer totalen Bedrohung der Persönlichkeit. Wie in *Malina* werden Alpträume wahr. Der ständige Angsttraum der Gewalt verwirklicht sich. In charakteristischem Doppelbezug auf Inhalt und

Form bemerkt Franza einmal: „ich bin zu meinen eigenen Träumen gekommen." (411) Bachmann zeichnet eine Selbstverwirklichung in Angst und Schrecken. Der Rückbezug auf die Gestalt eines väterlichen Mörders zeigt, wie konsequent die einzelnen Romane als Bestandteil einer Trilogie komponiert wurden. Das führt u.a. zu strukturell wirksamen Leitmotiven; hatte es im zweiten Kapitel des Romans *Malina* gleich zu Beginn geheißen: „Das ist der Friedhof der ermordeten Töchter" (175), so wird gegen Ende des zweiten Kapitels des Romans *Der Fall Franza* berichtet: „in dem Traum hieß es: das ist der Friedhof der Töchter." (412) Die tödliche Gewalt bleibt für Bachmann väterlich-männlichen Ursprungs, sie ist eine Erbsünde, der die Frau nicht zu entkommen vermag. Insofern gestaltet auch Ingeborg Bachmann einen gemeingültigen „Fall": sie erhebt die Erfahrung ihrer Protagonistin Franza ins anthropologische Musterhafte. Der zweite Teil des Romans schließt mit einem ausdrücklichen Vergleich zwischen der „tödlichen Verzweiflung bei den Papuas" (413) und dem verlorenen Lebenswillen Franziska Jordans. Es wird von einer „Art des Selbstmordes" bei den Papuas (die von Bachmann fälschlicherweise als australische Ureinwohner bezeichnet werden) berichtet, „weil sie glauben, die Weißen hätten sich aller ihrer Güter auf magische Weise bemächtigt." (ebd.) In überdeutlicher Analogie heißt es kurz darauf:

> Er hat mir meine Güter genommen. Mein Lachen, meine Zärtlichkeit, mein Freuenkönnen, mein Mitleiden, Helfenkönnen, meine Animalität, mein Strahlen, er hat jedes einzelne Aufkommen von all dem ausgetreten, bis es nicht mehr aufgekommen ist.
> (ebd.)

Das Kapitel endet mit einem nochmaligen Hinweis auf „dieses Leiden, es macht die Magie möglich, ich bin eine Papua, —". (414) Die anthropologische Identifizierung ist zugleich eine Abkehr vom heimatlichen Land, sie antizipiert die *Ausfahrt* in „Die ägyptische Finsternis" des dritten Kapitels. Bachmann sucht einen Ausdruck intimer Verfremdung, durch die sich die Protagonistin erneut, wenn auch widersprüchlich auszuweisen vermag. Wie ihr Landsmann Thomas Bernhard nimmt Bachmann die geistige und emotionale Ver-rückung wörtlich. Die arabische Wüste des letzten Romanteils wird als „Die große Heilanstalt" (415) ausgewiesen, in der die verstörte Patientin Heilung sucht. Kennzeichnend für Bachmanns Stil allgemein ist das Bekenntnis, daß ein Gemütsleiden geistiger und seelischer Vergewaltigung „die Magie möglich" macht. Im magischen Bild der Undine hat Ingeborg Bachmann selbst wohl nicht nur literarisch Schutz gesucht. Gerade in ihrer *Todesarten*-Trilogie entfaltet sich die Magie des fiktionalen Ausdrucks (absichtsgemäß) aus der allen drei Romanen innewohnenden Thematik des Leidens, der Vergewaltigung der Liebe und der Tödlichkeit einer geistigen und emotionalen Selbstreflexion.

So erweist sich das Schlußkapitel des Romans als die Geschichte eines Untergangs nicht nur der repräsentativen Leidensfigur Franza, nicht nur der ägyptischen Landschaft um Wadi Halfa. Letztlich erweitert Bachmann ihre Erzählvision erneut ins Anthropologische: sie projiziert den Untergang der „Weißen" (473), sie „verflucht" (ebd.) eine Rasse Mensch, die die Gewalt respektabel, sublimiert, ja zum Ausdruck der Zivilisation gemacht hat. Bereits in ihrer Vorrede sprach sie von

> Verbrechen, die Geist verlangen, an unsren Geist rühren und weniger an unsre Sinne, also die uns am tiefsten berühren — dort fließt kein Blut, und das Gemetzel findet innerhalb des Erlaubten und der Sitten statt, innerhalb einer Gesellschaft, deren schwache Nerven vor den Bestialitäten erzittern.
> (342)

Im Rückblick auf die „Jordanische Zeit" des zweiten Kapitels erinnert sie daran, daß

> die Sadisten nicht nur auf psychiatrischen Abteilungen und in den Gerichtssälen zu finden sind, sondern unter uns sind, mit blütenweißen Hemden und Professorentitel, mit den Folterwerkzeugen der Intelligenz...
> (404).

Von hier aus ist der ständige (abschätzige) Bezug auf „die Weißen" im dritten Kapitel des Romans zu verstehen. Bachmann stellt nichts geringeres als die „Sitten" ihrer eigenen Rasse, das „Erlaubte" ihrer eigenen Gesellschaft in Frage. Sie tut das, indem sie „Bestialitäten" eines angeblich primitiven Volkes (vgl. das geschlachtete Kamel, 440 oder die wahnsinnige Frau auf dem Bahnhof in Kairo, 458f.) und die natürliche „Grausamkeit" und Gewalt der Wüste als bewußte Gegendarstellung idealisiert (*daß* Bachmann idealisiert, wird niemand ernstlich in Frage stellen wollen). Franza sucht sich in der Fremde eine (tödliche) Heimat, nachdem sie von ihren eigenen „Sitten" entfremdet wurde. Der Widerspruch bleibt unaufgelöst. Die Heimkehr nach Galicien vollzieht sich für die Vergewaltigte im Sarg. (471) „Sire, ich werde ankommen," frohlockt Franza beim Antritt ihrer Reise in die Wüste. (416) Der Rückbezug auf das erste Liebeserlebnis (vgl. 379) macht deutlich, daß diese Ankunft einen neuen Liebesort projiziert. Indes erweist sich die Ankunft als eine Rückkehr in die Gewalt. Franza kann ihrem Konflikt nicht entfliehen, weil er ein Wesenscharakter ihrer eigenen Rasse ist und sie sich mit keinem anderen, fremdländischen Volk zu integrieren vermag. Sie erfährt und er-lebt somit die Schizophrenie ihrer in doppelter Hinsicht geteilten Identität. Es ist wichtig zu sehen, daß sich Bachmanns Protagonistin dieses Widerspruchs und seiner repräsentativen Bedeutung bewußt ist. Ihre Flucht nach Ägypten bedeutet auch für sie eine Form des Wahnsinns. „Ich bin in der großen Gummizelle aus Himmel, Licht und Sand," (416) erklärt sie bezeichnenderweise. Wenig später schildert sie in der Beschreibung ihres eigenen Bewußtseins die klassischen Symptome einer klinischen Schizophrenie. In ihr

> hatte ein Kampf...angefangen, in ihr gingen zwei Gegner aufeinander los, mit einer vehementen Entschlossenheit, ohne sich mehr zu sagen als: Ich oder Ich. Ich und die Wüste. Oder Ich und das andere. Und ausschließlich und nichts Halbes duldend, fingen Ich und Ich an, gegeneinanderzugehen.
> (418)

Aber damit ist sie sich selber zum „Fall" geworden; sie stellt sich hier ihre eigene Diagnose. Die Psychiatrie des gewaltsamen Ehemannes wird durch die „Magie" der Ich-Fiktionalisierung ersetzt. Franza tritt erstmals wieder in einen Eigenbezug: sie ist unterwegs zu sich selbst. (Daher die Bemerkung über den Bruder Martin: „Nein, das wußte er nicht, wohin sie unterwegs war...", 417. Das ist denn auch die eigentliche Bedeutung ihrer zuversichtlichen Erklärung: „...ich werde ankommen.", 416.) Sie verwirklicht sich selbst, darin liegt ihr Ausbruch in die Freiheit. Aber auch diese Identifizierung endet in Vergewaltigung und Tod. Franzas Versuch einer Selbstgestaltung scheitert, der befreiende Durchbruch zur eigenen Verantwortung wird erneut gewaltsam verunmöglicht. Unmißverständlich hat Bachmann mit ihrer Protagonistin eine Opfergestalt, eine stellvertretend Leidende geschaffen. Der individuelle Wahnsinn ist mit einem repräsentativen Märtyrertum gleichzusetzen. Die Verstörung ist gesellschaftlich, rassisch, zivilisatorisch geprägt.

Wie stellvertretend Franzas Handlungen und Überlegungen zu deuten sind, zeigt sich schon recht früh. Es ist kein Zufall, daß ein Absatz, der mit dem Schlagwort „Die Weißen." (421) beginnt, mit der Erklärung endet: „Ein anderer Versuch fing an, und den würde sie selber an sich vornehmen." (ebd.) Der Gegen-Versuch eines Selbstentwurfs hat appellhaften Charakter. Sie sucht sich nicht nur von der Gewalttätigkeit ihres Mannes abzusondern, sondern erkennt in dieser andauernden Vergewaltigung ein wesentliches Kennzeichen ihrer Rasse. Erleichtert höhnt Franza in der arabischen Wüste: „Wer fürchtet hier die von den Weißen katalogisierten Bakterien." (424) Sie entdeckt die ältesten Grundrechte des Lebens und verkündet stolz: „ich werde hier zu meinem Recht kommen." (429) Dennoch bleibt sie auch bei solcher Rückbesinnung selber eine kranke Frau, ein unter ihrer Gesellschaft und Zivilisation leidender Mensch. „Sie war nicht nach Luxor gekommen," heißt es, „sondern an einen Punkt der Krankheit, nicht durch die Wüste, sondern durch eine Krankheit." (432) Noch die Flucht vor der eigenen Rasse ist krank. Bachmanns Bericht einer stellvertretend individuellen Befreiung ist zugleich eine Krankheitsgeschichte. Eben das enthüllt den Widerspruch der westlich-weißen, angeblich emanzipierten Frau. Ihre Befreiung hat einen tödlichen Ausgang. Ihre Selbstgestaltung läßt sich nicht leben. Die Fluchtreise in die arabische Wüste führt zur Reflexion, zur bildhaften Einsicht in das Wesen der westeuropäischen Gesellschaft. So wie die „Jordanische Zeit" die *Ausfahrt* ins Arabische antizipiert, begegnen Franza in der arabischen Landschaft, in der „ägyptischen Finsternis" Sinnbilder ihrer zurückgelassenen europäischen Existenz. Was in der Fremde sinnlich verwirklicht wird, zum Beispiel die Erfahrung „lebendig begraben" zu sein (433), bleibt in der eigenen Gesellschaft eine aus dem Bewußtsein verdrängte Abstraktion. Die Verwüstung der Individualität ist an sich bereits eine Erfahrung, die Franza auf ihrer Reise in die Wüste nurmehr sinnlich bewußt nachvollzieht. (Vgl. dazu: „Ein paar Tage Wüste hatten ihn getäuscht, die Verwüstung ging weiter. Sie war todkrank.", 434) Die Fahrt nach Ägypten ist nichts anderes als der Vollzug, die Verwirklichung einer wesensimmanent gesellschaftlichen Krankheit. Alles Individuelle wird sogleich zur Gesellschaftsgeschichte in Bezug gesetzt. Bachmanns *Todesarten*-Konzept ist gesellschaftsorientiert; es sind die tödlichen Vergewaltigungen, die unsere Gesellschaft wesensgemäß an Individuen begeht. Es gibt also einen Schnittpunkt, an dem die persönliche Leidensgeschichte mit der objektiven Gesellschaftsgeschichte zusammentrifft. Bachmann sucht eben diesen Berührungspunkt in fiktionaler Musterhaftigkeit zu entwerfen. In *Malina* bittet das erzählerische Ich: „Übernimm du die Geschichten, aus denen die große Geschichte gemacht ist. Nimm sie alle von mir." (332) Auch im Schlußkapitel des Romans *Der Fall Franza* prallen die vielen individuellen Geschichten mit der „großen" Geschichte zusammen. Dort fragt Franza: „Meine Geschichte und die Geschichten aller, die doch die große Geschichte ausmachen, wo kommen die mit der großen zusammen. Immer an einem Straßenrand? Wie kommt das zusammen?" (433) Bachmann entwirft in durchaus programmatischer Weise eine Reprivatisierung der „großen" Gesellschafts-, Welt- und Zeitgeschichte. Sie enthüllt sie als eine lange Kette individueller Vergewaltigungen. Noch die Gräber der Totenstadt Theben werden von westlichen Archäologen ausgehoben, geplündert, geschändet, vergewaltigt. Der Tod schützt nicht vor den zeitlosen Gewalttaten des weißen Mannes: „Die Weißen. Sie haben die Gräber...Sie lassen nicht einmal die Toten liegen." (436) Franza vergegenwärtigt die Geschichte in ihrem eigenen Erleben. „Für sie hier war das nicht Stein und nicht Geschichte, sondern, als wär kein Tag vergangen, etwas, das sie beschäftigte." (437) Sie verkörpert das geschändete Opfer in geschichtsloser Vergegenwärtigung. „Die ganze Schande kommt in mir zusammen," bemerkt sie, „weil sie sonst niemand spürt." (436) Damit wird Franza nicht zuletzt auch eine Gewissensfigur, sie vertritt eine unübersehbar moralische Instanz. Die leitmotivische Drohung „Die Weißen kommen" (438) bezeugt den unauflöslichen Widerspruch, in dem sie sich, stellvertretend für ihre westeuropäische Gesellschaft, befindet. Sie redet sich Mut zu, warnt sich selbst, sucht vor ihrem anderen Ich Schutz. „Ich werde hier zu meinem Recht kommen. Aber das Alibi der Weißen ist stark. Vergiß das nicht." (ebd.) Ihre gesellschaftliche Identität bleibt ein unaufgelöster Konflikt, sie befindet sich auf der Flucht in eine Scheidung.

Unter dem Einfluß des Haschisch, das als mörderische Gewalt etymologisiert wird („Haschisch, hashinin, assassin, zu Mörder abgeleitet...", 441), erfährt Franza eine Vision; sie glaubt, „das Bild" (445) zu sehen, in dem sich alle Erkenntnis offenbart. Diese unter dem Einfluß von Rauschgift vermittelte Einsicht ist indes weniger als mystisches Erlebnis, sondern eher als inhaltliche und formale Ausdruckslogik des Bachmannschen Erzählstils zu verstehen. Wie bereits angedeutet, *sieht* Franza in der arabischen Wüste bildliche Korrelate, sinnliche Erscheinungssynonyme, anschauliche Sinnbilder ihres eigenen Zustands der Vergewaltigung und der durch die westliche Gesellschaft und die „Sitten" des weißen Mannes herbeigeführten „Todesarten." Bachmann schrieb in solchem Sinne einen sorgfältigst entworfenen Reflexionsroman. Die „Heimkehr" (344) des ersten Kapitels wird der „Jordanischen Zeit" (399) des zweiten Kapitels gegenübergestellt; beide Identitätskonzepte werden durch „Die ägyptische Finsternis" (415) des dritten Kapitels perspektiviert, neubestimmt und sinnlich reflektiert. Franzas Flucht ist insofern trotz allem eine echte Erkenntnisreise, Heimat und Ferne fließen wie die individuelle und die soziale Geschichte an einem Brennpunkt zusammen. Aber selbst solche Erkenntnis geht nicht ohne Gewalt. Der Schmerz der Einsicht folgt ihrer gewaltsamen Herbeiführung. Bachmann bleibt dem Eros der Gewalt gerade auch im intellektuellen Bereich treu. Der Satz: „Da sah sie das Bild, in dem roten Arabien" (445) ist zugleich das Formprinzip ihres Romans, die Motivation seiner Dreiteilung.

> Ich sehe. Und jetzt wieder. Ich sehe, was niemand je gesehen hat, ein Bild, sie ging ein paar Schritte, zu langsam, und das Bild zog sich zurück.
> (ebd.)

Es wird niemanden verwundern, daß diese Vision im Bild des mörderischen Vaters ihren Höhepunkt erlangt. Das *Malina*-Motiv der erbsündigen Gewalt wird beibehalten. „Mein Vater. Ich habe meinen Vater gesehen." (ebd.) Die personifizierte Gewalt wird schließlich (als Illusion) ins Religiöse erhoben. Die Vergöttlichung der Gewalt in der westlichen Gesellschaft wird durch die gewaltsam herbeigeführte bildliche Begegnung mit Gott abgelöst. Die literarische Aussage einer solchen Komplementärgestaltung ist offenkundig. „Die ägyptische Finsternis" wirkt als werkimmanente Kritik an den vorangegangenen „heimatlichen Zeiten." In ihrer großartigen Schilderung der Bildvision gestaltet Bachmann einen neuerlichen „Sünden-Fall." Der tödliche Sturz ihrer Protagonistin ist längst nicht mehr nur ein gesellschaftlicher Sturz, auch wenn es sich unmißverständlich um einen geschickt inszenierten Rückbezug auf das zweite Kapitel von *Malina* handelt, in dem es in charakteristischer Mischung aus Gesellschaftskritik und Fiktionsmagie heißt:

> Ich bin ins Zeitalter der Stürze gekommen, die Nachbarn lassen manchmal nachfragen, ob etwas passiert sei.
> (228)

Das mag bis hierher wie Martin Walser klingen. Doch dann fährt es fort:

> Ich bin in ein kleines Grab gefallen und habe mir den Kopf angeschlagen und die Arme ausgerenkt, bis zum nächsten Sturz muß alles geheilt sein, und ich muß diese Zeit in der Gruft zubringen, ich fürchte mich schon vor dem nächsten Sturz, aber ich weiß, da es eine Wahrsagung ist, daß ich dreimal stürzen

> werde, ehe ich wieder aufstehen kann.
> (ebd.)

Die religiöse Rhetorik ist unüberhörbar. Der Sturz in der Wüste ist dagegen von Anfang an überhaupt nur als Annäherungsversuch an Gott zu verstehen. Doch Franzas Fall signalisiert schließlich eine Entgöttlichung, Gott erweist sich als „ein zusammengeschrumpftes Ungeheuer." (446) Eine negative Magie, eine destruktive Metamorphose, eine vergewaltigende Vorstellung gibt sich zu erkennen. Mit gebührender Behutsamkeit wagen wir somit, den Titel des Romans *Der Fall Franza* auch ohne Genetivkonstruktion als auf diesen Sturz bezogen zu interpretieren. Franza personifiziert einen neuerlichen Sündenfall, die Entdeckung einer gottlosen Welt und eines ungeheuerlichen Gottes. Ihr Bild setzt sich aus Komplementärvisionen zusammen. Es gilt, die Passage als fiktionale Reflexionsform zu lesen. Dann gewinnt Franzas repräsentativer „Fall" gesellschaftliche, moralische und erzählstrukturelle Bedeutung. Bachmanns Protagonistin erkennt „die Einfallstelle für die Dekomposition: wer bin ich, woher komme ich, was ist mit mir". (ebd.) Zeichenhaft gibt die Autorin zu erkennen, daß damit auch das Muster ihrer Erzählform gekennzeichnet ist.

Eine präzise Sprachanalyse offenbart das Ausmaß, mit dem Ingeborg Bachmann sprachliche und formale Widerspiegelungen praktiziert. An dieser entscheidenden Stelle heißt es zunächst noch unverfänglich: „und in ihr Lachen...trat, ja trat nicht, da ja nichts eintreten kann...". (ebd.) Doch unmittelbar darauf verwandelt sich das scheinbar harmlose *Eintreten* in ein vergewaltigendes *Niedertreten*. Bachmann nutzt also die Vieldeutigkeit des Verbums geschickt aus, um plötzlich – und der Überraschungseffekt ist von wesensgemäß charakteristischer Bedeutung – mit der sprachlichen Gewaltübung die tödliche Gewalt der Zerstörung „anzurufen". Im Text, in der Sprache selbst vergegenwärtigt sich das Wesen des neuerlichen „Sündenfalls", das gottlos Ungeheure der geistigen und seelischen Verstörung. Franzas Konvulsionen sind ein Ausdruck dieses „Falls", sie bezeugen das geisteskranke Opfer einer gewalttätigen Welt, mörderischer „Sitten" und tödlicher Vorstellungen. Hier nun das volle Zitat mit dem abrupten Bedeutungswandel des Verbums *treten*, der auch syntaktisch wie ein Überfall aus dem Hinterhalt wirkt:

> ...und in ihr Lachen...trat, ja trat nicht, da ja nichts eintreten kann, da trat etwas sie nieder und mit ihr das andre, den halben Tod, die halbe Vernunft, das halbe Tier, den halben Menschen, die halben fünf Sinne, die eine Schwester, die andre Frau, das von der Sonne anvisierte Fleisch im Verderben, im Übergang zu etwas nicht Erkennbarem.
> (446-447)

Einer Autorin, die solchermaßen an zentralen Stellen ihres Romans mit Wortmanipulationen operiert, ist eine bewußte Doppeldeutung des Titelkonzepts *Der Fall Franza* ohne Verfälschungen zuzutrauen. Wohlgemerkt und noch einmal: Bachmanns sprachliche Gewaltkonstruktionen wollen als reflektierter Ausdruck gesellschaftlicher Vergewaltigungen verstanden werden. Sie werden als bewußte Kunstmittel an entscheidenden Nahtstellen des Romans, an seinen „Einfallsstellen für die Dekomposition" (446) eingesetzt und müssen als solche formale Zeichen erkannt werden.

Auch einzelne Romangestalten reflektieren und komplementieren sich gegenseitig. Der offensichtlichste Fall sind die Spiegelfiguren Dr. Jordan, Franzas Ehemann, und Dr. Körner. Eines der wichtigsten Themen nicht nur dieses Romans ist der private Faschismus, die Anwendung faschistischer Werte und Methoden in intim menschlichen Verhältnissen. Im zweiten Kapitel berichtet Franza ihrem Bruder über die Schrecken ihrer Ehe mit Professor Leopold Jordan. Dabei bleibt ihr der Begriff eines privaten Faschismus zunächst noch fremd, doch es zeigt sich, daß ihr Lachen und Weinen den Schrecken einer plötzlichen Erkenntnis signalisiert:

> Du sagst Faschismus, das ist komisch, ich habe das noch nie gehört als Wort für ein privates Verhalten, nein, verzeih, ich muß lachen, nein ich weine bestimmt nicht.
> (403)

Im dritten Kapitel versucht Franza sich das Leben zu nehmen und trifft auf den „SS-Hauptsturmführer Dr. Kurt Körner." (457) Die Verbindung zu ihrem Ehemann wird unnötigerweise noch durch Franzas Mitarbeit an Professor Jordans Buch „Über die Versuche an weiblichen Häftlingen. Über die Spätschäden." (455) motiviert. Als Franza dem in Dachau und Hartheim tätig gewesenen, nunmehr in Kairo auf einem Hausboot lebenden österreichischen Arzt gegenübertritt, heißt es: „Sie hatte Körner in den Kapiteln über das Euthanasieprogramm wiedergefunden." (456) Was die beiden Männer, wenn auch in unterschiedlichem Grade, miteinander gemein haben, ist ihr Hang, Menschen, insbesondere Frauen als „Versuche" (ebd.) zu mißhandeln. Sie vergewaltigen im Namen einer Ideologie und Wissenschaft. Bachmann erweitert den Begriff des Faschismus für ein privates Verhalten. Eine gemeinsame Bekannte erklärt Franza den Sinn und Charakter ihrer Ehe wie folgt: „ich mache mir so meine Gedanken, zwei Leute wie Sie, ein so großartiger Versuch, ein bedeutender Mann und Sie...". (408) Es ist also keineswegs nur der Ehemann Leopold Jordan, der faschistoide Maßstäbe an menschliche Beziehungen anlegt. Bachmann läßt keinen Zweifel daran, daß sie einen solchen Faschismus in der Gesellschaft allgemein zu erkennen glaubt. Nicht nur ihres Mannes wegen muß Franza fortan bedenken: „An mir wurde ein großartiger Versuch gemacht." (ebd.) Ihr Bruder Martin erkennt, „daß sie einen Vater geheiratet hatte." (360) Damit ist die Beziehung zum Thema des mörderischen Vaters erneut hergestellt. Den „Versuchen" ihrer in Europa zurückgelassenen Gesellschaft stellt Franza ihre persönlich schöpferischen Gegen-Versuche in der arabischen Wüste an die Seite. Auch das Versuchskonzept erweist sich so als doppelwertig; der „Versuch" ist ein charakteristisch Bachmannscher Reflexionsbegriff. Er kann sowohl positiv als auch negativ gedeutet werden. Entsprechendes gilt für „die Vergewaltigung". Sie wird der jungen Franza zunächst zum erotischen „Idol" (376), später zum tödlichen Selbstverlust. Bachmanns Erzählstruktur und Gedankenform bleibt über die gesamte Romantrilogie hinaus „konkav". Charaktere, Episoden und Werte reflektieren, komplementieren und widersprechen sich gegenseitig. Wir können Beispiele aller drei Möglichkeiten belegen: Dr. Jordan und Dr. Körner sind zweifellos Ergänzungscharaktere, die Begriffe *Versuch*, *Fall* und *Vergewaltigung* charakteristische Reflexionswerte. Als Veranschaulichung komplementärer Episoden mag die Schilderung der Frau auf dem Bahnhof in Kairo dienen. Dort wird Franza von einem jungen, grinsenden Mann belehrt: „Nicht er ist verrückt. Sie ist wahnsinnig." (459) Wenig später, bei einer Gegenüberstellung mit Dr. Körner, wird diese gleiche Bemerkung auf sie selbst angewendet: „Ich bin Arzt, sagte Körner. Sie sind wahnsinnig." (462) Schließlich erweist sich die Aussage von grundlegender Bedeutung für den gesamten Roman, sie führt zur widersprüchlichen Bestimmung seiner Protagonistin.

Der Höhepunkt des letzten Kapitels bringt nicht nur die Andeutung einer sexuellen Vergewaltigung Franzas (in Wirklichkeit kommt es bezeichnenderweise nicht dazu, es bleibt beim bloßen Exhibitionismus des „Weißen"), er liefert zugleich im Bewußtseinsausdruck der Protagonistin das formale Gedankenkonzept der Romantrilogie. Nachdem sie schon vordem „die Wiederholung" (466) als tödliche Gewalt erkannt hat, heißt es nunmehr:

> Der Mann packte sie von hinten, fast sanft, wie sie noch merkte, sie fiel gegen die Steinwand, er hielt sie mit schwachen Armen umklammert, dann stieß er ihr noch einmal den Kopf gegen das Grab, und sie hörte keinen Laut aus sich kommen, aber etwas in sich sagen: Nein. Nein. Die Wiederholung. Die Stellvertretung. (467)

Bachmanns thematische „Todesarten" sind alle wiederholbar, ihr Erleiden ist somit stets repräsentiv. Franza, Fanny und das weibliche Ich des Romans *Malina* sind stellvertretende Gestalten, deren Schicksal sich wiederholt. Auch formal auf die einzelnen Romane bezogen zeigt sich, daß Wiederholungen sprachlicher, gedanklicher oder inhaltlicher Art „die Stellvertretung" variieren. Ein wesentlicher Aspekt des solchermaßen präsentierten Bewußtseinsausdrucks ist die Gleichzeitigkeit. So schließt die Passage mit einer Simultan-Beschreibung zeitlich auseinanderliegender Vergewaltigungen; das repräsentative Opfer Franza erlebt in ihrer Mißhandlung vor Kairo die Wiederholung ihrer gewaltsamen Unterwerfungen in Wien:

> Ihr Denken riß ab, und dann schlug sie, schlug mit ganzer Kraft, ihren Kopf gegen die Wand in Wien und die Steinquader in Gizeh und sagte laut, und da war ihre andere Stimme: Nein. Nein.
> (ebd.)

Sie wiederholt interessanterweise nicht nur die Gewalthandlung ihres Angreifers (vgl. „er stieß ihr noch einmal den Kopf gegen das Grab" und „dann schlug sie, schlug mit ganzer Kraft, ihren Kopf gegen die Wand") und die zunächst nicht vernehmbaren Wörter ihrer Abwehr und ihres Ekels („Nein. Nein."), sondern greift an dieser entscheidenden Stelle auch auf ein zentrales Motiv des Romans *Malina* zurück. Gegen Ende seines dritten Kapitels — auch hier herrscht also eine deutlich formale Parallelität — gewinnt das sinnbildliche Motiv der *Wand* im *Malina*-Roman überragende Bedeutung (vgl. 317, 318, 324, 330, 336, 337). Die Verzweiflungstat Franzas, „ihren Kopf gegen die Wand" (467) zu schlagen, erweist sich somit im Rahmen der Gesamttrilogie als Wiederholung eines bedeutungsvollen Gedankenbildes. Die *Wand* wird erneut als Sinnbild der Ohnmacht heraufbeschworen: „es ist etwas in der Wand, es kann nicht mehr schreien, aber es schreit doch." (336) In entsprechender Weise geht Franza mit einem vielsagenden Verstummen, mit einem stummen Aufschrei zugrunde. Querverbindungen und Rückbezüge erweitern und ergänzen die thematischen Auseinandersetzungen aller drei Romane. Ingeborg Bachmann übt sich in ihren *Todesarten* in einer präzis durchkomponierten Spiegelschrift. Auch in ihrer Unvollständigkeit erweist sich die Trilogie als Reflexionsprosa höchsten Ranges.

Abschließend sei noch einmal ein Vergleich mit Bachmanns einstigem Lebensgefährten Max Frisch erlaubt. Wenn *Malina* wiederholt stark an die beiden Frisch-Romane *Stiller* und *Mein Name sei Gantenbein* erinnert, so gemahnt *Der Fall Franza* ebenso deutlich an Frischs Romanbericht eines Moribunden, *Homo faber*. Wie in Frischs Roman spielt *der Sturz* bei Bachmanns unvollendetem Roman *Der Fall Franza* eine entscheidende Rolle. Franza stirbt wie Sabeth an diesem Sturz, und wie in *Homo faber* wird diese Todesursache erst nachträglich festgestellt:

> Am Morgen kam ein ägyptischer Arzt...er sprach englisch, und Martin zog sich aus seinem Englisch ein paar Stützworte, das Hirndrucksyndrom, ein freies Intervall zwischen Sturz und Bewußtlosigkeit, kam vor, kam oft vor, er zog sich eine Ventrikelblutung heraus, arteria cerebralis media, die Hauptarterie des

Hirns, die Blutung, und es war also der Sturz gewesen.
(469-470)

Am Ende der „Ersten Station" des Erzählberichts *Homo faber* wird die entsprechende Situation wie folgt beschrieben:

> Dann kam Dr. Eleutheropulos. Alles griechisch; aber ich verstehe alles...ihr Tod war die Folge einer nichtdiagnostizierten Fraktur der Schädelbasis, compressio cerebri, hervorgerufen durch ihren Sturz über die kleine Böschung. Verletzung der arteria meningica media, sog. Epidural-Haematom, was durch chirugischen Eingriff (wie man mir sagt) ohne weiteres hätte behoben werden können.
> (160)

Die Parallelität ist unverkennbar. (Übrigens vergeht sich auch bei Frisch der Vater an der Tochter.) Nicht nur der Sturz selbst ist vergleichbar, auch die verpaßte Möglichkeit einer chirugischen Rettung wird als Motiv bei Bachmann beibehalten.

> Der Arzt sagte leise, man hätte noch operieren können, aber man hätte eben wissen müssen von dem Sturz...
> (470)

Es dürfte auch kein bloßer Zufall sein, daß der überlebende Bruder im letzten Abschnitt des Romans die für Franza tödliche Reise noch einmal als einen Fernsehfilm über sich ergehen lassen muß. Bachmann behält das gleiche Personal ihrer anderen Romane bei; so findet sich Martin in der Gesellschaft der Altenwyls in Döbling, die ihn zwingen, den Film über Ägypten anzusehen.

> Sie sahen sich zu dritt den Film an, nach den ersten Metern wollte Martin die Altenwyls bitten, den Apparat abzustellen...wie er auch versuchte, die Bilder mit den erinnerten Bildern übereinzubringen – es gelang nicht, es war nichts auf dem Filmstreifen von dem, was sein Gedächtnis gespeichert hatte...Kein Film konnte ihm seine Schwester in dem Tempel zeigen...
> (472)

Das Gegenstück dazu ereignet sich in *Homo faber* als Walter Faber der Firma Joachim Henckes die Filme seiner Expedition zu zeigen sucht. Durch ein Versehen geraten die privaten Filme, die er auf der Reise mit seiner Tochter gemacht hat, mit in die öffentliche Vorstellung. Fabers Reaktionen auf ein solches filmbildliche Wiedersehen mit der toten Sabeth ähneln denen Martins, als er mit den Erinnerungen seiner Reise mit Franza konfrontiert wird.

> ...plötzlich, wie nicht anders möglich, ist sie da – lebensgroß – Sabeth auf dem Bildschirm. In Farben. Ich stand auf – Sabeth in Avignon. Ich stoppte aber nicht, sondern ließ die ganze Spule laufen...Ihr Gesicht, das nie wieder da sein wird...Ihr Körper, den es nicht mehr gibt – Das antike Theater in Nimes...sie steht jetzt, unsere tote Tochter, und singt, ihre Hände wieder in den Hosentaschen, sie glaubt sich mutterseelenallein und singt, aber unhörbar – Ende der Spule.
> (188-191)

Was soll ein solcher Vergleich, welchen Sinn kann eine derartige Gegenüberstellung haben? Es ist hier nicht der Ort, die Romanwerke Bachmanns und Frischs im einzelnen genauer zu untersuchen. Doch schon die wenigen Andeutungen mögen genügen, die folgende These zumindest spekulativ (und also mit gebührender Zurückhaltung) zu wiederholen. Mit ihren *Todesarten* suchte Bachmann die drei großen Romane Max Frischs (die gleichfalls vom Thema her als Trilogie bezeichnet werden könnten), *Stiller, Homo faber* und *Mein Name sei Gantenbein*, in weiblicher

Variation nachzuschreiben. *Malina, Der Fall Franza* und *Requiem für Fanny Goldmann* sind bewußt entworfene Gegenversionen zu Frischs anhaltender Auseinandersetzung mit dem Wesen der Frau. Es ist dabei selbstverständlich, daß Ingeborg Bachmann nicht etwa dem Frischschen Romanmuster kritiklos gefolgt wäre, sondern absichtsvoll und mit unmißverständlich kritischem Anliegen Komplementärwerke entwarf, die gemeinsam und unter ständigem, wenn auch losem gegenseitigen Bezug ein literarisches Großporträt ehelicher und geschlechtlicher Verhältnisse in der westlichen Gesellschaft im zweiten Drittel unseres Jahrhunderts gebildet hätten.

* * *

Bei dem letzten Werk der Bachmannschen Trilogie, *Requiem für Fanny Goldmann*, kann man bestenfalls von Entwürfen zu einem Roman sprechen. Es ist die am unvollständigsten hinterlassene Arbeit Ingeborg Bachmanns. Nur rund vierzig Seiten sind aus dem Nachlaß in die Gesamtausgabe übernommen worden. Es ziemt sich also, hier besondere Zurückhaltung walten zu lassen. Dennoch werden Handlungs- und Gedankenschema auch dieses Romans deutlich sichtbar. Die „Todesart" Fanny Goldmanns ist nicht nur ihre Hörigkeit dem aufkommenden Schriftsteller Anton Marek gegenüber, sie wird durch eine gesonderte Kapitel-Überschrift ausgewiesen: „Die gestohlenen Jahre." (513) Es ist die andauernd gewaltsame Ausbeutung der Frau, die ihr Leben zu einem sinnlosen Verlust werden läßt. Bachmann schrieb auch mit diesem Buch eine Passionsgeschichte. Fanny Goldmann wird das Opfer einer männlichen Kunst, die sie durch ihre liebevolle Unterstützung des Autors nicht nur ermöglicht, sondern die sich darüber hinaus von ihrer Vergewaltigung nährt. Bachmann greift ein wiederum deutlich an Max Frisch gemahnendes Thema auf: die Verwandlung eines Menschen und einer lebendigen Beziehung zu Literatur. Schreiben selbst wird hier als mörderischer Prozeß, als eine tödliche Verwandlung erfahren. Mit Anton Marek hat Bachmann einen literarischen „Schlächter" (517) gestaltet. Was in *Malina* der Nebenbuhler und in *Der Fall Franza* der „wissenschaftlich" beobachtende Ehegatte personifizieren: die systematische Zerstörung der weiblichen Individualität, der kaltblütige Seelenmord, vollzieht sich nunmehr in der Vergewaltigung der Literatur, in der ausbeuterischen Nutzbarmachung einer Liebe als literarisches Material. Das große Thema Literatur als Verrat steht im Mittelpunkt des *Requiem für Fanny Goldmann*.

Erwartungsgemäß behält Bachmann das Personal ihrer beiden anderen Romane bei: die Schauspielerin Maria Malina, deren Begräbnis die Titelgestalt des Romans *Malina* einführt (19), wie die dort (152 ff.) und in *Der Fall Franza* erscheinenden Altenwyls (472) fügen sich erneut in die Handlung ein. Aber auch metaphorische Charakterisierungen stellen bewußt konstruierte Querverbindungen und Rückbezüge her. So ist es kein Zufall, daß Marek gegen Ende des Romans von Wolf Seelbach als „ein Fossil" (520) bezeichnet wird. Wie „das Fossil" (344) in *Der Fall Franza* führt Marek Buch über eine liebende Frau. Fanny Goldmann selbst erscheint bereits im dritten Kapitel des *Malina*-Romans. Dort wird eine Art Gesamtübersicht des Trilogiepersonals geboten. Unter dem spezifisch österreichischen Literaturkonzept des Reigens präsentiert sich „die universelle Prostitution". (274) Bachmann liefert das Inventar ihrer Romangestalten als Veranschaulichung einer systematischen Vergewaltigung und Ausbeutung der Liebe.

> Es rührt aber aus dieser Zeit, daß der Reigen begonnen hat, der heute nicht mehr anonym ist. Aus dieser Seuche hervorgegangen muß man sich die Verhältnisse denken, die heute herrschen, warum Ödön Patacki etwa zuerst mit Franziska Ranner zu sehen war, dann Franziska Ranner aber mit Leo Jordan, warum

Leo Jordan, der vorher mit Elvira verheiratet war, die dann dem jungen Marek geholfen hat, noch zweimal heiratete, warum der junge Marek dann Fanny Goldmann ruinierte, und sie wiederum vorher mit Harry sich zu gut vertrug und dann mit Milan wegging, aber der junge Marek dann mit dieser Karin Krause, der kleinen Deutschen, danach aber dieser Marek auch mit der Elisabeth Mihailovics, die dann an den Bertold Rapatz geraten ist, der wiederum...
(275)

In diesen Zeilen sind Inhalt und Personal der Trilogie über weite Strecken hinaus zusammengefaßt. Bachmanns *Todesarten* geben sich als zeitgenössischer „Reigen" (auch in literarischer Form) individueller und gesellschaftlicher Prostitution zu erkennen. In Gestalt und Inhalt haben wir es bei diesen Romanen also mit traditionsbewußt österreichischer Literatur zu tun. (Übrigens wird schon im ersten Kapitel „Glücklich mit Ivan" auf Fanny Goldmann wiederholt Bezug genommen. Sie gilt als „die schönste Frau Wiens" (160), ihre Anreden werden mit denjenigen der Erzählerin verglichen: „Mein Sie dürfte mit dem Sie der Fanny Goldmann verwandt sein, die angeblich, natürlich nur Gerüchten zufolge, zu allen ihren Liebhabern beharrlich Sie gesagt hat," erklärt die Berichterstatterin. (127-128) Durch solche Orientierungen hält Ingeborg Bachmann das Interesse an einer Vielzahl von fiktionalen Gestalten wach. Wie musikalische Motive werden einzelne Figuren zu einem späteren Zeitpunkt wiederaufgenommen, gelegentlich – wie bei Fanny Goldmann –, um vorübergehend zur zentralen Thematik zu werden. Bachmanns Trilogie erweist sich als eine durch und durch musikalische Komposition.) Nach unseren vorangegangenen Ausführungen über die männliche Malina-Gestalt als Eigenprojektion und Wunschidentifizierung der Erzählerin sind die autobiographischen Parallelen zwischen der weiblichen Malina des Romans *Requiem für Fanny Goldmann* und der Autorin Ingeborg Bachmann von besonderem Interesse. „Die kleine Malina, wie sie damals noch genannt wurde, kam neunzehnjährig aus Klagenfurt," (488) heißt es zu Beginn in fiktionaler Angleichung an Bachmanns eigene Ankunft 1946 in Wien. Doch das sind allenfalls Überschneidungen, auf die es im einzelnen weniger ankommt. Entscheidend ist vielmehr, die sorgfältig komponierte Gesamtanlage der Trilogie *Todesarten* zu erkennen, für die unsere bisherigen Hinweise indizienhafte Belege liefern sollten.

Was alle drei Romane auch in ihrer unvollendeten Form am deutlichsten und überzeugendsten zusammenhält, ist das Thema der Vergewaltigung, sind die im Gesamttitel angesprochenen „Todesarten". In *Requiem für Fanny Goldmann* erfassen sie „Die gestohlenen Jahre" (513) eines zur Literatur verarbeiteten Lebens. Nachdem Anton Marek sie einer anderen Frau wegen verlassen hat, lebt Fanny Goldmann allein. Als sie über vierzig ist, gerät ihr ein Buch von Marek in die Hände; es ist ihre eigene, kaum fiktionalisierte Lebensgeschichte. Fanny fühlt sich von dieser literarischen Vergewaltigung

> beraubt, ausgeraubt, mit allen ihren Sätzen aus 700 Nächten und Tagen, aus beiläufigen und Hauptsätzen, aus Urteilen und Auszügen, sie im Pyjama, sie auf dem Fahrrad, sie in einem Konzert, wo war ihr Leben, hier war es.
> (514-515)

Wieder erweist sich der Mann als Zerstörer, Fanny nennt ihn ihren „Schlächter". (515) Nicht nur in ihrer voraufgegangenen Liebe zu Marek, sondern recht eigentlich erst in dessen Literarisierung dieser Liebe wird Fanny tödlich getroffen. Sie beginnt zu ahnen, daß das ursprüngliche Wesen der Gewalt in der Nutzbarmachung eines Menschen, speziell in der Ausbeutung seiner Liebe zu finden ist. Sie erkennt die rücksichtslose Brutalität, mit der sie ausgenutzt wurde: „er hatte sie geschlachtet, sie war geschlachtet auf 386 Seiten in einem Buch." (ebd.) Sie wird zum Tier, zu einer viehischen Existenz degradiert. Mit solcher zuweilen an Alfred Döblin gemahnenden Vision stellt Bachmann Verbindungen zwischen einer gewaltsamen Verunmenschlichung und einem religiösen Opferritual her. Die Literatur wird zum Schlachthof, der sowohl den Autor als auch sein Opfer zum Tier werden läßt. Fanny erleidet „diese Schande, daß sie hier geschlachtet, gekocht, geräuchert worden war, wie ein Schwein." (ebd.) Aber ihr Schlächter teilt eben diese tierische Existenz; Marek ist jetzt „ihr Schlächter, den sie Schwein nannte, obwohl sie das Tier war, das er geschlachtet hatte." (ebd.) Es ist durchaus kennzeichnend für Ingeborg Bachmann, daß aus solcher haßerfüllten Polemik (die ja auch die Erzählung *Undine geht* charakterisiert) der plötzliche Umschwung ins Religiöse, Märchenhafte oder Mythologische eintritt. Fanny ist das geschlachtete Tier,

> ein Lamm, Lamm Gottes, nein, nicht Gottes, einfach, sie war sein Tier gewesen, weil sie aber nie ein Tier war, höchstens ein Lamm, dachte sie, Lamm Gottes, und meine unsterbliche Seele.
> (ebd.)

Man sieht: die Übersetzung ins Religiöse erweist sich als äußerst spitzfindig und keineswegs frei von Widersprüchen. Die Idee des Opfers hat für Bachmann biblische Bedeutung. Freilich gilt dabei zu bedenken, daß der vergewaltigende Autor auch Urheber einer solchen Heiligen Schrift bleibt. Bachmann bedient sich also der Bibel als Analogie und Metapher. Die literarische Bibel ist verrucht, sie wird zum Fluch einer verlorenen Liebe und verursacht ihrerseits erst die Leidensgeschichte, die sie gestaltet. Fanny Goldmann faßt diese Erkenntnis wie folgt zusammen:

> Er hatte aber einen vollen Namen, der Bibelschreiber, der Passionsschilderer, hieß Anton Marek und hatte jetzt Erfolg mit der Schlachtung, mit dem Ölberg und dem Essigschwamm, den sie sich auf die Stirn gepreßt hatte.
> (516)

Die tödliche Verwandlung vergewaltigt das Opfer, doch trifft sie den Autor gleichermaßen. Bachmann bedient sich des Alten Testaments, um diese Abhängigkeit zwischen Gewalttäter und Leidtragenden zu verdeutlichen:

> Und Gott sprach, und als sie sich umwandte, erstarrte sie zur Salzsäule. Sie brachte das alles nicht zueinander, sie sah vielmehr ihn, Marek, auch Toni, auch Anton Marek, zur Salzsäule erstarrt, dann wieder sich.
> (517)

Das biblische Vorbild ist seinerseits nurmehr eine Variation des orphischen Mythos (vgl. *Dunkles zu sagen* aus dem Gedichtband *Die gestundete Zeit*) und das religiöse Gegenbild zur Bachmannschen Eigenprojektion als literarische Märchengestalt Undine. (Es ist wiederum kein Zufall, daß *Der Fall Franza* mit dem Untergang Wadi Halfas endet. In den Fragmenten zum dritten Kapitel beginnt der Schlußabsatz des Romans mit der Erklärung: „Wadi Halfa: jetzt wird es untergehen, heute oder in wenigen Tagen, der Nil wird austreten, hinweggehen über die Häuser...Der Nil wird mit großen Armen alles niederziehen, in sich nehmen, zerstören, langsam...", 481) Eine religiösmythologische Deutung ihrer literarischen Gestaltung wird man Ingeborg Bachmann nicht absprechen können. In diesem Eigenverständnis liegt viel Selbstkritik, zugleich aber auch der Glaube an eine schicksalhafte Bestimmung (eine religiöse „Anrufung" zur „Berufung") und die nicht nur gemütsbetonte Hoffnung auf Erlösung. Indes wird gerade auch die Religion als eine Form der Vergewaltigung gedeutet. Sie verleiht dem Märtyrium einen Sinn, den Bachmann nicht gutheißen kann, in den sie sich jedoch selber hin und wieder als Ausdruck ihrer Hilflosigkeit flüchtet. Die Religion dient so mehr der Selbststilisierung als einer Sinngebung. Sie wird als Ausdrucksritual und Bewußtseinsäußerung verwendet, niemals als dogmatische Heilsquelle in Erwägung gezogen. Auch in *Requiem für Fanny Goldmann* bedient sich Bachmann religiöser Analogien in souveräner, sprachspielerischer Weise. Die stehen ausnahmslos im Dienste ihres Erzählstils. So empört sich Fanny über Marek, den Autor ihrer fiktionalisierten und vergewaltigten Lebensgeschichte; er

> nannte sie einfach Stephanie und umarmte keinen ihrer Konsonanten, sondern spießte ihn auf wie einen Schmetterling, diesen Namen, der nicht ihrer war und den sie als den ihren nun ansah, auf 386 Seiten Bibel.
> (517)

Selbstverständlich bezieht sich die Erzählerin hier auf den Anspruch einer biblischen Gültigkeit, auf die Anmaßung einer solchen Lebensgestaltung, nicht auf die Bibel der christlichen Religion. Bachmanns wiederholte Ausflucht in die Religion bleibt literarischer Ausdruck. Sie findet im Religiösen ein Bezugs- und Sinnbild des säkularisierten Märtyriums der Frau, das sie „Todesarten" nennt.

Man wird nicht behaupten können, daß Bachmann das Thema Literatur als Verrat, noch allgemeiner: das künstlerische Bildnis im biblischen und moralischen Sinn auch nur annähernd so erschöpfend behandelt hätte wie ihr einstiger Lebensgefährte und Schriftstellerkollege Max Frisch in seinen Romanen *Stiller, Homo faber* und *Mein Name sei Gantenbein*. Die tödliche Vergewaltigung Fanny Goldmanns ergibt sich eigentlich mehr aus den persönlichen Beziehungen, aus ihrer Hörigkeit Anton Marek gegenüber als aus der nachträglichen, ausbeuterischen Fiktionalisierung ihres Lebens und ihrer einstigen intimen Geständnisse. Bereits vor der Lektüre dieses Buches verfällt die mittlerweile fünfundvierzigjährige Fanny einem Haß, der „als Krankheit zum Tod" (513) erkannt wird. So weist er sich auch vom Text her als eine neuerliche „Todesart" aus. Der Erzählerin zufolge „könnte man Fannys Haß wirklich mit einer Wucherung vergleichen, deren Entdeckung ihr wie ein Todesurteil erschien." (512) Unmißverständlich wird ihr Haß mit einem tödlichen Geschwür verglichen:

> Ihr ganzer Körper war angefallen, ihre Hirne, ihre Leitungen waren eingespannt in den Haß, und so ihr ganzer Körper angefallen...
> (ebd.)

Dieser Haß wird durch das Lesen „ihres" Buches nurmehr bestärkt, er wird keineswegs erst durch die Lektüre hervorgerufen. Ob die Darstellung eines Menschenlebens, das der Autor vorübergehend in intimer Verbundenheit geteilt hat, moralisch statthaft, künstlerisch ergiebig oder gesellschaftlich fragwürdig sein muß, wird zu keiner Zeit ernsthaft erörtert. Die Ausbeutung der verlorenen Jahre wird recht bequem dem skrupellosen Mann, dem rücksichtslosen Zerstörer und blutigen Schlächter vorgeworfen. Ein entsprechend moralischer Anspruch an sich selbst wird nicht erhoben. Bachmanns Fanny Goldmann verdient keineswegs die gleiche Sympathie wie etwa Franziska Jordan oder auch die weibliche Erzählerin des *Malina*-Romans. Sie erinnert nicht zufällig an Frischs Julika Stiller (vgl. vor allem ihre Beschreibung „als eine dekorative junge Frau, in wenig Bewegung, ein Bild auf einer Bühne im halben Licht...", 485). Doch gerade weil Bachmann die vielen Widersprüchlichkeiten und menschlichen Schwächen ihrer Protagonistin nicht verschweigt, ist ihr mit Fanny Goldmann ein Musterporträt weiblicher Neurose gelungen.

Fanny „hatte eine unerträgliche...Abneigung gegen die kleine Malina," (488) heißt es zu Beginn des Romans. Die Gründe für diesen zunächst noch milden Haß werden deutlich angegeben: „weil sie alles hatte, was Fanny und die anderen nicht hatten, das Unerlernbare, Unerreichbare...". (ebd.) Die Anlage zum Haß ist von Anfang an ein wesentlicher Bestandteil ihres Charakters. Fanny befindet sich „in dem Zustand der Hellsichtigkeit des Hasses." (489) Ihr späterer leidenschaftlicher Haß gegen Anton Marek bringt also — ob berechtigt oder nicht — keinen Wandel in ihrer Persönlichkeit, sondern erweist sich nurmehr als die Kehrseite ihrer ebenso leidenschaftlichen Hörigkeit. (Vgl. „Kurze Zeit später war Fanny ihm hörig.", 496) Es mangelt ihr an emotionaler Ausgeglichenheit, sie lebt und liebt das Extreme. So läßt sie sich, Goldmanns Hände haltend, zu ihrer gerade vollzogenen Scheidung, die jedoch keine Trennung bedeuten soll, gratulieren. Während Fanny ihn „demonstrativ" umarmt, reagiert Goldmann „verlegen" auf diese Mitteilung. (ebd.) Absichtsvoll bezeichnet die Erzählerin Fannys Verhalten als „solche Exzesse". (491) Kurz nach ihrer Ansage bittet sie ihren geschiedenen Ehemann: „Verlaß mich nie...Nie, bitte nie. Sie schluchzte plötzlich und lachte...". (ebd.) Ihr extremes Benehmen kann nur als Ausdruck einer anhaltenden Neurose verstanden werden. Hatte Max Frisch mit seiner Frau Julika eine Tänzerin dargestellt, so schildert Ingeborg Bachmann mit ihrer Fanny Goldmann das Verhaltensmuster einer Schauspielerin. Beide Autoren zeichnen die Typologie der weiblichen Künstlerin.

Selbst ihre spätere Literarisierung durch Anton Marek entbehrt nicht einer konsequenten Logik. Sie verliebt sich in Anton Marek, als sie „ein schwachsinniges Theaterstück" (495) von ihm sieht. Als direkter Ausdruck einer solchen Liebe beginnt sich Fanny „für Literatur zu interessieren." (497) Der Erzählerin berichtet: „es fing ein neues Leben an für sie, denn sie las und trug Bücher heim und erzählte Marek...". (ebd.) Ihre Liebe sucht sich in und als Literatur zu verwirklichen. Fanny wird jedoch allmählich (trotz anhaltender Lektüre) zurückgelassen; sie muß erkennen, „daß aus dem Liebhaber, der ohne Fanny Goldmann nicht leben konnte, ein angehender Romancier wurde." (499) Sie verliert Marek an die Literatur, *bevor* sie ihn an „die Deutsche" Karin Krause verliert. Sie haßt Karin Krause wie sie Maria Malina haßt: als Ausdruck ihrer eigenen Niederlage. Die Schäbigkeit ihres Hasses wird deutlich genug, auch wenn die Aussage streng genommen als Bericht der Erzählerin erscheint:

> er lag dort mit ihr, einer Karin, einem schauerlichen Namen, der vierundzwanzig Jahre alt war und seine gemeine Abkunft verriet, dieser Name, geboren im Jahr 1939, also auf tausendjährig, während sie geboren wurde mit einem altmodischen Namen, der höchstens seine achtzig Jahre währen konnte...
> (516)

Bezeichnenderweise richtet sich ihre ganze Leidenschaft gegen den *Namen*, nicht die Persönlichkeit der anderen Frau. Fanny reagiert also durchaus auf Sprache und Literatur; nicht umsonst ist sie ursprünglich Schauspielerin, die „weniger...ein großes Theatertalent, als eine vollkommene Beherrschung vom Sprechen, vom Abwickeln von Sätzen" (485) besitzt. Ihre Verwandlung in Literatur muß also keineswegs als einseitige und boshafte Vergeltungsmaßnahme, als rücksichtslose Ausbeutung und männliche Vergewaltigung aufgefaßt werden. Sie erweist sich vielmehr als ein Fanny Goldmann durchaus angemessenes Schicksal. Der für Bachmann so charakteristische Sprach-Eros zeigt sich in diesem Roman als eine von der Autorin durchaus selbstkritisch erkannte Gefahr für die menschliche, geschlechtliche Liebe. Die Ersatz-Sexualität, die sich darin kundgibt, wird gerade in dem Augenblick deutlich gemacht, da Fanny sich durch das Buch Anton

Mareks vergewaltigt glaubt. Sie erinnert sich: sie

> hatte sich von ihm überwältigen lassen, er war in alle ihre Buchstaben eingedrungen, sein A hatte mit ihren Vokalen sich berührt, seine Konsonanten sich mit ihren verschlungen, sie hatten sich befeuchtet, sich gedreht ineinander, er hatte ihren Namen aufgeweicht, ihn vom F bis zum Ypsilon umarmt, ihr Name war so besamt von seinem Namen, er war auch in ihr aufgegangen...
> (516).

Selten ist die Versprachlichung der Liebe, die erotische Verfänglichkeit der Literatur so unmißverständlich ausgedrückt worden wie in dieser Passage. Darin dürfen wir eine letzte Abart tödlicher Vergewaltigungen, eine letzte „Todesart" Bachmannscher Prägung erkennen. *Requiem für Fanny Goldmann* ist das Buch einer Perversion. Es zeigt die Tödlichkeit eines Verhaltens, das in Literatur und Kunst Liebes- und Religionsersatz findet. Keineswegs beschränkt Bachmann eine solche Haltung auf das weibliche Geschlecht, auch wenn sie deren Folgen vor allem an ihrer Protagonistin demonstriert. Anton Marek wird als von der „Presse defloriert" (519) bezeichnet, sein deutscher Schriftstellerkollege Wolf Seelbach — offenbar ging es Bachmann darum, eine Parallelität zur Deutschen Karin Krause anzudeuten — in ebenso gezielter Absicht als „ein Märtyrer...für vereinzelte Worte und eine interpunktionslose Welt" (518) beschrieben. Bachmanns zentrales Leidenskonzept schließt ganz bewußt fragwürdige Orientierungsbezüge mit ein. Das repräsentative Opfer stellt kulturbedingt Beziehungen zum religiösen Märtyrertum her, der Begriff der Vergewaltigung verbindet sich (allzu einseitig) mit einer Ausbeutung weiblicher Sexualität. Bachmann lädt solche Vergleiche nicht nur ein, sie führt sie ausdrücklich vor. In ihrer Prosa jedoch enthält dieser Identifizierungsversuch sehr viel Ironie. Es fällt schwer, in ihrem satirischen Hinweis auf die „Bibelschreiber" und „Passionsschilderer" (516) nicht auch ein gutes Maß Selbstkritik herauszulesen. Daß auch die Literatur zu einer „Todesart" zu werden vermag, hat für Ingeborg Bachmann eine bekenntnishafte Bedeutung. Obwohl gerade sie als Künstlerin eine repräsentative Existenz zu verwirklichen bemüht war, widersetzt sie sich der Anmaßung und Versuchung sowohl ihrerseits als auch anderer, die Frau in der Literatur aufgehen zu lassen. Ihr eigenes Leiden dürfte in eben diesem Konflikt seinen Ursprung gehabt haben. Das Verhältnis der Frau zur Literatur ist zeitlebens auch im privaten Bereich ihre anhaltende Auseinandersetzung, das große Thema ihres tragisch beendeten Lebens gewesen. In Rom erlitt Ingeborg Bachmann am 17. Oktober 1973 die „schrecklichste aller Todesarten." (Max Frisch, *Montauk*, 682)

LITERATURVERZEICHNIS

Sämtliche Zitate entstammen der von Christine Koschel, Inge von Weidenbaum und Clemens Münster herausgegebenen Werkausgabe, Band I-IV, München/Zürich 1978.

Außerdem nimmt der Essay auf die folgenden Werke Bezug:

Max Frisch, Gesammelte Werke in zeitlicher Folge, hrsg. von Hans Mayer und Walter Schmitz, Frankfurt am Main 1976.
Martin Heidegger, Sein und Zeit, Tübingen 1972.
Manfred Jurgensen, Das fiktionale Ich, Bern 1979.
Karl Korn, Sprache in der verwalteten Welt, Deutscher Taschenbuch Verlag München 1962 (Erstauflage Olten/Freiburg i.Br. 1959).
Die Tagebücher der Anais Nin, Reinbek 1968-1970 (Nachdruck in: Deutscher Taschenbuch Verlag München 1971-1974).
Dolf Sternberger, Gerhard Storz und W.E. Süskind, Aus dem Wörterbuch des Unmenschen, Deutscher Taschenbuch Verlag München 1962 (Erstauflage Hamburg 1957).
Ludwig Wittgenstein, Tractatus logico-philosophicus, Logisch-philosophische Abhandlung, edition suhrkamp 12, Frankfurt am Main 1979[14].

Aus der Sekundärliteratur über Ingeborg Bachmann seien die folgenden Arbeiten besonders empfohlen (in chronologischer Reihenfolge):

Clemens Hesselhaus, Ingeborg Bachmanns gebrochene Symbolik, in: C.H., Deutsche Lyrik der Moderne, Düsseldorf 1954, 444-449.
Siegfried Melchinger, Vom Zustand des deutschen Gedichts, in: Wort und Wahrheit, 1955, 130.
Günter Blöcker, Ingeborg Bachmann, in: Wort in der Zeit, 1956, 34-37 (1958, 161-164).
Hans Egon Holthusen, Kämpfender Sprachgeist. Die Lyrik Ingeborg Bachmanns, in: H.E.H., Das Schöne und das Wahre, München 1958, 246-275.
Ingeborg Bachmann: Eine Einführung, München 1963.
Hilde Domin (Hrsg.), Doppelinterpretationen, Frankfurt am Main 1966[2].
Wolfdietrich Rasch, Drei Interpretationen moderner Lyrik, Ingeborg Bachmann: „Mein Vogel", in: W.R., Zur deutschen Literatur seit der Jahrhundertwende, Stuttgart 1967, 274-282.
Margot Jost, Deutsche Dichterinnen des zwanzigsten Jahrhunderts, München 1968.
Peter Horn, Die vierzeilige Volksliedstrophe in Ingeborg Bachmanns Lyrik, in: Acta germanica, 1968, 271-288, 67-103.
Ingrid Aichinger, „Im Widerspiel des Möglichen mit dem Unmöglichen". Das Werk der österreichischen Dichterin Ingeborg Bachmann, in: Österreich in Geschichte und Literatur, 12, 1968, 207-227.
Ingeborg Bachmann, Text + Kritik, 6, München 1971[2].
Beatrice Angst-Hürlimann, Im Widerspiel des Unmöglichen mit dem Möglichen. Zum Problem der Sprache bei Ingeborg Bachmann, Diss. Zürich 1971.

Günter Blöcker, „Auf der Suche nach dem Vater", in: Merkur, 25, 1971, 395-398.
Karl Krolow, „Tödliche Liebe. Zu Ingeborg Bachmanns erstem Roman ‚Malina' ", in: Hannoversche Allgemeine Zeitung, 8./9. Mai 1971.
Gabriele Wohmann, „Nachtwald voller Fragen", in: Der Spiegel, Nr. 14, 29.3.1971, 165.
Hans Mayer, „Malina oder Der große Gott von Wien", in: Die Weltwoche, Nr. 17, 30.4.1971,35.
Christa Wolf, Die zumutbare Wahrheit. Prosa der Ingeborg Bachmann, in: Frankfurter Hefte, 27, 1972, 744-750.
Gunilla Bergsten, Liebe als Grenzübertritt. Eine Studie über Ingeborg Bachmanns Hörspiel Der gute Gott von Manhattan, in: Deutsche Weltliteratur, 1972, 277-289.
Nicole Casanova, Ingeborg Bachmann ou le „drame cardinal", in: Allemagne d'aujourd'hui, 1972, No. 33, 40-53.
Werner Weber, Ingeborg Bachmann. 1964, in: Deutsche Literaturkritik der Gegenwart, 1972, IV, 2, 228-242.
Ulrich Thiem, Die Bildsprache der Lyrik Ingeborg Bachmanns, Diss. Köln 1972.
Edgar Marsch, Ingeborg Bachmann, in: Deutsche Dichter der Gegenwart, 1973, 515-530.
Karl Krolow, „...und dann im Einklang stehen mit dem Wort." Zum Tode Ingeborg Bachmanns, in: Der Literat, 15, 1973, 255-256.
Heinz Ludwig Arnold, Zum Tode von Ingeborg Bachmann, in: Frankfurter Hefte, 28, 1973, 827-828.
Toshio Ohtaki, Wandlungen der Metapher in der modernen Lyrik. Bei Gottfried Benn, Ingeborg Bachmann und Paul Celan, in: Doitsu Bungaku, 51, 1973, 78-86.
Albert Berger, Sprachthematik in der modernen Lyrik. Bemerkungen zu Gedichten der Bachmann, Celans und Heißenbüttels, in: Sprachthematik in der österreichischen Literatur des 20. Jahrhunderts, 1974, 155-170.
Interpretationen zu Ingeborg Bachmann. Beiträge eines Arbeitskreises, München 1976, 129 (mit Beiträgen von Alfr. Detter, Wolfg. Jhs. Fleischer, Walter Muth u.a.).
Hilde Spiel, Das Neue droht, das Alte schützt nicht mehr, in: Frankfurter Anthologie, 1976, 216-217 (*Die gestundete Zeit*).
"   " , Keine Kerze für Florian, in: H.S., Kleine Schritte, München 1976, 161-166.
Ellen Summerfield, Ingeborg Bachmann. Die Auflösung der Figur in ihrem Roman „Malina", Diss. Bonn 1976.
Lerngegenstand: Literarische Studien und Unterrichtsmodelle zu M.Frisch, P. Weiss, I. Bachmann und U. Johnson, hrsg. von Ed. Schaefer, Göttingen 1977.
H. Höller, Geschichtsbewußtsein und moderne Lyrik. Zu einigen Gedichten von Ingeborg Bachmann, in: Literatur und Kritik, 1977, 291-308.
Viola Fischerova, Ingeborg Bachmanns „Der gute Gott von Manhattan" – ein Mythos?, in: Literatur und Kritik, 1977, 279-290.
Theo Mechtenberg, Ingeborg Bachmanns Lieder von einer Insel, in: Germanica Wratislaviensia, 30, 1977, 119-131.
Lore Toman, Bachmanns „Malina" und Frischs ‚Gantenbein': Zwei Seiten des gleichen Lebens, in: Literatur und Kritik, 1977, 274-279.
H.J. Kreutzer, Libretto und Schauspiel. Zu Ingeborg Bachmanns Text für Henzes „Der Prinz von Homburg", in: Werke Kleists auf dem modernen Musiktheater, 1977, 60-100.
H.-J. Schlütter, Ingeborg Bachmann: Der Prinz von Homburg, in: Sprachkunst, 8, 1977, 240-250.

U. Püschel, „Exilierte und Verlorene." Ingeborg Bachmann und Paul Celan in der BRD, in: Kürbiskern, 4, 1977, 104-119.

Willy Michel, Die Aktualität des Interpretierens, Heidelberg 1978.

Peter Horst Neumann, Vier Gründe einer Befangenheit. Über Ingeborg Bachmann, in: Merkur 32, 1978, 1130-1136.

R. Pichl, Das Werk Ingeborg Bachmanns. Probleme und Aufgaben, in: Literaturwissenschaftliches Jahrbuch, 17, 1976, 373-385.

Theo Mechtenberg, Utopie als ästhetische Kategorie. Eine Untersuchung der Lyrik Ingeborg Bachmanns, Stuttgart 1978.

Wolfgang Leppmann, „Anrufung des Großen Bären", in: Frankfurter Anthologie, 3, 1978, 227-231.

Wilfr. Heck, Ingeborg Bachmanns „Die gestundete Zeit". Eine Interpretation, in: Diskussion Deutsch, 9, 1978, 151-165.

Christiane Mulier, „Malina" ou l'amour victime des puissances du mal, in: Austriaca, 7, 1978, 153-162.

G. Probst, Mein Name sei Malina — Nachdenken über Ingeborg Bachmann, in: Modern Austrian Literature, 11, 1978, 1, 103-119.

Rob. Steiger, Malina. Versuche einer Interpretation des Romans von Ingeborg Bachmann, Heidelberg 1978.

Ellen Summerfield, Ingeborg Bachmanns Sprachverständnis, in: Neophilologus, 62, 1978, 119-130.

Anna Britta Blau, Stil und Abweichungen: Einige syntaktisch-stilistische Merkmale in den Dichtungen D.v. Liliencrons, G. Trakls und Ingeborg Bachmanns, Diss. Uppsala, Stockholm 1978.

Diese Liste erhebt keinen Anspruch auf Vollständigkeit. Zur Ergänzung meiner bibliographischen Angaben verweise ich auf:

Otto Bareiss, Frauke Ohloff, Ingeborg Bachmann. Eine Bibliographie, München/Zürich 1978.

Ingeborg Bachmann: Die neue Sprache wurde am 30. Juni 1980 abgeschlossen.